Harry Zingel

IFRS Formelsammlung

Harry Zingel ist Diplom-Betriebswirt und Programmierer. Er leitet Lehrgänge zum Bilanzbuchhalter an der IHK und prüft u.a. im Lehrgang »Bilanzbuchhalter International«. Darüber hinaus ist er Autor mehrerer Bücher zu den Themen Rechnungswesen und Controlling sowie Programmierer und Autor der BWL-CD.

Harry Zingel

IFRS Formelsammlung

WILEY-VCH Verlag GmbH & Co. KGaA

1. Auflage 2006

Bibliografische Information Der Deutschen Bibliothek
Die Deutsche Bibliothek verzeichnet diese Publikation in der Deutschen Nationalbibliografie; detaillierte bibliografische Daten sind im Internet über <http://dnb.ddb.de> abrufbar.

© 2006 WILEY-VCH Verlag GmbH & Co. KGaA, Weinheim

Alle Rechte, insbesondere die der Übersetzung in andere Sprachen, vorbehalten. Kein Teil dieses Buches darf ohne schriftliche Genehmigung des Verlages in irgendeiner Form – durch Photokopie, Mikroverfilmung oder irgendein anderes Verfahren – reproduziert oder in eine von Maschinen, insbesondere von Datenverarbeitungsmaschinen, verwendbare Sprache übertragen oder übersetzt werden. Die Wiedergabe von Warenbezeichnungen, Handelsnamen oder sonstigen Kennzeichen in diesem Buch berechtigt nicht zu der Annahme, dass diese von jedermann frei benutzt werden dürfen. Vielmehr kann es sich auch dann um eingetragene Warenzeichen oder sonstige gesetzlich geschützte Kennzeichen handeln, wenn sie nicht eigens als solche markiert sind.

Printed in the Federal Republic of Germany

Gedruckt auf säurefreiem Papier.

Druck Strauss GmbH, Mörlenbach
Bindung Litges & Dopf Buchbinderei GmbH, Heppenheim

ISBN-13: 978-3-527-50223-3
ISBN-10: 3-527-50223-8

Inhaltsübersicht

1. Einführung 7
2. Bewertung des Anlagevermögens 13
3. Bewertung des Umlaufvermögens 27
4. Dynamische Methoden 39
5. Kapitalflußrechnung 67
6. Jahresabschlußanalyse 75
7. Kennzahlensysteme 97
8. Anteile und Wertpapiere 115
9. Internes Rechnungswesen 129
10. Anhang 153

Inhaltsverzeichnis

1.	**Einführung**	7
1.1.	Wozu diese Formelsammlung?	7
1.2.	Didaktische Hinweise	7
1.3.	Formale Hinweise	8
1.4.	Grundlegende Definitionen	9
2.	**Bewertung des Anlagevermögens**	13
2.1.	Definition des Anlagevermögens	13
2.2.	Abschreibung als Bewertungsmethode	14
2.3.	Einzelne Abschreibungsmethoden	16
2.3.1.	Lineare Abschreibung	16
2.3.2.	Degressive Abschreibung	18
2.3.3.	Die steuerliche »Pro-rata-temporis«-Regel	21
2.3.4.	Weitere Abschreibungsmethoden	22
2.3.4.1.	Abschreibung nach Leistungseinheiten	22
2.3.4.2.	Digitale Abschreibung	24
3.	**Bewertung des Umlaufvermögens**	27
3.1.	Durchschnittsbewertung	27
3.2.	Verbrauchsfolgebewertung	29
3.2.1.	FIFO und LIFO	29
3.2.2.	HIFO und LOFO	33
3.3.	Percentage-of-Completion-Methode	35
3.4.	Bewertung von Forderungen	36
4.	**Dynamische Methoden**	39
4.1.	Grundlagen der Zinsrechnung	39
4.1.1.	Einfache Kapitalanfangs- und endwerte	39
4.1.2.	Unterjährige Kapitalanfangs- und endwerte	40
4.1.3.	Besondere Verfahren der Zinseszinsrechnung	41
4.1.4.	Gesetzliche Zinssätze	43
4.1.5.	Die Mindestverzinsung	45
4.2.	Leasingzinsberechnung	46
4.3.	Exkurs: Aufgabengestaltung aus einer Prüfung	52
4.4.	Effektivzinsberechnung bei Krediten	54
4.5.	Annuitätenrechnung	55
4.6.	Rentenrechnung	58
4.7.	Rentenbesteuerung	61

5.	Kapitalflußrechnung	67
5.1.	Grundgedanken der Kapitalflußrechnung	67
5.2.	Der Ausweis nach IAS 7	71
5.3.	Cash-flow und Unternehmensbewertung	73
6.	**Jahresabschlußanalyse**	**75**
6.1.	Rentabilitätsrechnung	75
6.2.	Der Leverage-Effekt	79
6.3.	Kennziffern der Bilanz	80
6.3.1.	Horizontale Kennziffern	81
6.3.2.	Vertikale Kennziffern	85
6.4.	Kennziffern der GuV-Rechnung	90
6.5.	Anschaffungs- und Herstellungskosten	93
7.	**Kennzahlensysteme**	**97**
7.1.	Das EVA-Konzept	97
7.2.	Das Lücke-Theorem	99
7.3.	Das DuPontsche Kennzahlensystem	101
7.4.	Kennzahlensysteme zur Bonitätsprüfung	107
7.5.	Das Stuttgarter Verfahren	109
7.6.	Die Balanced Scorecard	110
8.	**Anteile und Wertpapiere**	**115**
8.1.	Anteilsbasierte Vergütungen (IFRS 2)	115
8.2.	Ergebnis je Aktie (IAS 33)	119
8.3.	Weitere wichtige Rechenverfahren	121
9.	**Internes Rechnungswesen**	**129**
9.1.	Vollkostenrechnung	130
9.2.	Teilkostenrechnung	138
9.3.	Maschinenrechnung	143
9.4.	Taktische Make-or-Buy-Entscheidung	147
9.5.	Plankostenrechnung	149
10.	**Anhang**	**153**
10.1.	Verzeichnis der mathematischen Symbole	153
10.2.	Sonstige Abkürzungen	156
10.3.	Allgemeine AfA-Tabellen	157
10.4.	Literatur	163
10.4.1.	Print	163
10.4.2.	Internet	164
10.5.	Index	165

1. Einführung

1.1. Wozu diese Formelsammlung?

Diese Formelsammlung faßt die wichtigsten Rechenverfahren und mathematischen Methoden des Rechnungswesens zusammen. Sie füllt insofern eine Lücke, denn die insbesondere im internationalen Rechnungswesen der *International Financial Reporting Standards* (IFRS) vorausgesetzten und im IFRS-Regelwerk nirgends erklärten Methoden werden hier in übersichtlicher Form dargestellt und anhand von Beispielen erläutert. Das Buch richtet sich aber auch an HGB-Anwender und natürlich alle Subjekte des Steuerrechts, denn hier werden oft ähnliche Verfahren angewandt oder ebenfalls ohne Erläuterung vorausgesetzt.

Dieses Werk enthält jedoch keine grundlegende Übersicht über die IFRS-Vorschriften. Hierzu gibt es vom Autor bereits ein anderes Werk. Auch die wichtigsten steuer- oder handelsrechtlichen Vorschriften sollten dem Leser geläufig sein. Selbstverständlich sollte der Leser außerdem mindestens ein HGB und ein EStG zur Hand haben. Andere Gesetze werden ebenfalls von Zeit zu Zeit zitiert.

1.2. Didaktische Hinweise

Formeln sind abstrakte Darstellungen und wollen nicht auswendig gelernt, sondern *angewandt* werden. Lernen Sie also nicht (nur) die symbolische Darstellung, sondern auch deren Verwendung – mit einem Wort: *üben Sie!* Das geht übrigens viel besser mit einem Computer, weshalb wir immer wieder auf technische Lösungsstrategien verweisen – insbesondere bei Methoden, die einer Lösung durch den Taschenrechner nicht oder kaum zugänglich sind, wie beispielsweise die Berechnung des internen Zinsfußes, der sowohl bei Krediten (Effektivzinsrechnung!) als auch zur Bestimmung des tatsächlichen Zinssatzes bei Leasingverträgen bedeutsam ist. Wir werden dabei, wie es nun mal unsere Art ist, auf eingeübte Denkverbote keine Rücksicht nehmen und Ihnen immer wieder die eine oder andere Überraschung bereiten: gerade bei Leasingverträgen werden wir etwa die über viele Jahre von Leasingfirmen aller Art propagierte angebliche Vorteilhaftigkeit dieser Vertragsart in Frage stellen und

Ihnen vor allem auch die Mittel in die Hand drücken, sich selbst von der Vorteilhaftigkeit oder Unvorteilhaftigkeit individueller Verträge zu überzeugen.

Dies setzt aber in der Regel die Verwendung technischer Mittel voraus. Wir müssen also einen Computer und ein Tabellenkalkulationsprogramm beim Anwender voraussetzen. Daß noch immer in vielen Universitäten und Fachhochschulen und erst recht in mancher Bildungsfirma ein Abschluß erworben werden kann, ohne je einer Maus oder gar einer Programmiersprache über den Weg gelaufen zu sein, ist traurig, aber wahr. Hier ist das elektronische Gerät aber unerläßlich – und in dem einen oder anderen Zusammenhang auch die Fähigkeit, ein kleines Programm in einer Skriptsprache zu schreiben.

Alle technischen Beispiele in diesem Werk wurden mit Microsoft® Excel® erstellt und eignen sich für alle Programmversionen ab Excel 97. Sie sind aber problemlos auf Tabellenkalkulationsprogramme anderer Hersteller übertragbar.

Viele Leser bereiten sich mit Hilfe dieses Werkes auf eine Prüfung zur Erlangung eines Abschlusses vor. Wir werden daher von Zeit zu Zeit auf häufige Gestaltungen von Prüfungsfragen und beliebte Fallen der Prüfungslyriker eingehen. Der Autor ist bei der örtlichen Industrie- und Handelskammer in mehreren Prüfungsausschüssen und kennt die Prüfungsaufgaben der Lehrgänge »Betriebswirt/IHK«, »Technischer Betriebswirt«, »Bilanzbuchhalter« und »Bilanzbuchhalter international« seit vielen Jahren. Zudem betreut der Autor immer wieder Diplomarbeiten der Berufsakademie Eisenach. Die hier gewonnenen Erfahrungen fließen überall in das Werk ein.

1.3. Formale Hinweise

Alle verwendeten Symbole finden Sie im Anhang. Wir werden daher keine Symbolerläuterungen unmittelbar an den Formeln anbieten.

In Formeln, die die Prozentrechnung voraussetzen, wird die 100 als 1 dargestellt, weil dies auch in sämtlichen Tabellenkalkulationsprogrammen so gemacht wird. Es ist sinnvoll, sich von Anfang an eine dem üblichen Arbeitswerkzeug angemessene Arbeitsweise anzueignen. Also: Auf eine Zahl 10 % aufzuschlagen, wird nicht als

$$\frac{X \times 110}{100} \qquad \text{F 1.1}$$

dargestellt, sondern einfach als

$$X \times 1{,}1 \qquad \text{F 1.2}$$

Die 110 und die 100 werden also *gekürzt*. Soll der Prozentanteil einer Größe (A) von einer anderen Größe (B) berechnet werden, so wird die Berechnung ebenfalls ohne die »100« dargestellt, also nicht als

$$Anteil = \frac{A \times 100}{B}$$ F 1.3

sondern einfach als

$$Anteil = \frac{A}{B}$$ F 1.4

Dies entspricht ebenfalls der Eingabe in einem Tabellenkalkulationsprogramm, wo die Multiplikation mit »100« durch die Formatierung und nicht durch die Formel selbst erreicht wird.

1.4. Grundlegende Definitionen

Die Definitionen auf den beiden folgenden Seiten sind für alle Bereiche des Rechnungswesens relevant. **Sie sind von größter Wichtigkeit.** Beispielsweise hat fast jeder eine Vorstellung von »Kosten«; meist werden mit diesem Begriff jedoch Zahlungsvorgänge gemeint. »Kosten« im betriebswirtschaftlichen Sinne haben aber keineswegs immer etwas mit Zahlungsvorgängen zu tun. Viele Kostenarten entsprechen keiner Zahlung! Auch gibt es eine spitzfindige, aber bedeutsame Unterscheidung zwischen Ausgabe und Auszahlung, die besonders in der Finanzplanung wichtig, aber kaum jemandem bewußt ist. Sie *müssen* sich also die nachstehenden Definitionen ansehen *und sie auch verinnerlichen*, oder Sie wenden Rechenverfahren zwar formal richtig an, erhalten aber dennoch falsche Ergebnisse.

Auszahlungen
Abfluß liquider Zahlungsmittel

Beispiele:
Zahlung von bestehenden Verbindlichkeiten, z.B. von Rechnungen aller Art; Zahlung von Steuern oder SV-Beiträgen nach Veranlagung bzw. Abrechnung; Überweisung zuvor abgerechneter Nettolöhne und gehälter; Gewährung von Darlehen oder Krediten; Schenkungen.
Geldbewegungen auf Girokonten zählen zu den Auszahlungen, aber nicht zu den Ausgaben, wenn die beteiligten Girokonten Aktivkosten sind, und zu den Ausgaben, wenn die beteiligten Konten Passivkonten sind (d.h. überzogen sind, im »Minus« stehen).

Auszahlung ≠ Ausgabe: Neutrale Auszhlg.

Auszahlung = Ausgabe: Auszahlungsausgabe.

Ausgaben
Mehrung der Verbindlichkeiten oder Minderung der Forderungen

Beispiele:
Buchung Bruttolöhne, LSt. und AG-SV; Indossament eines Besitzwechsels.

Beispiele:
Rechnungseingang im Wert von > 60 € ohne USt. und Selbstverbrauch (§6 EStG; R 40 Abs. 2 EStR), z.B. Anlagegüter; Rechnungseingang Roh-, Hilfs- u. Betriebsstoffe.

Ausgabe ≠ Aufwand: Neutrale Ausgabe

Ausgabe = Aufwand: Aufwandsausgabe.

Ausgabe ≠ Aufwand Kalk. Ausgabe

Aufwand
Verbrauch an Gütern und Leistungen

Beispiele:
Entnahme von Roh-, Hilfs- oder Betriebsstoffen aus dem Lager.

Beispiele:
Steuerliche AfA (auf den Neuwert, §§ 7 ff EStG) und außerordentl. AfA; Schuldzinsen (z.B. für Darlehen); Schadensfälle u. alle Verluste; Barentnahmen (der Vollhafter in oHG oder KG).

Aufwand ≠ Kosten Neutr. Aufwand

Aufwand = Kosten: Zweckaufwand.

Aufwand ≠ Ausgabe Kalk. Aufwand

Kosten
Bewerteter, periodisierter Güter- und Leistungsverzehr zur Leistungserstellung oder Bereitschaftserhaltung

Summe aller Kosten: Selbstkosten, Gesamtkosten. Grundlage für KLR.

Beispiele:
Barkauf Kleinmaterial für Eigennutzung (< 60 €, § 6 EStG; R 40 Abs. 2 EStR).

Zu diesen Fällen vgl. die Beispiele am oberen Rand des Schemas!

Kosten = Aufwand: Grundkosten.

Kosten ≠ Aufwand Kalk. Kosten

Beispiele:
Kalk. AfA (auf Wiederbeschaffungswert!); kalk. Zins (R_{min} auf betriebsnotw. Kapital); kalk. Wagnisse (unversichert, lt. Quote); kalk. Unternehmerlohn (bei oHG, KG); kalk. Miete (bei Eigennutzung).

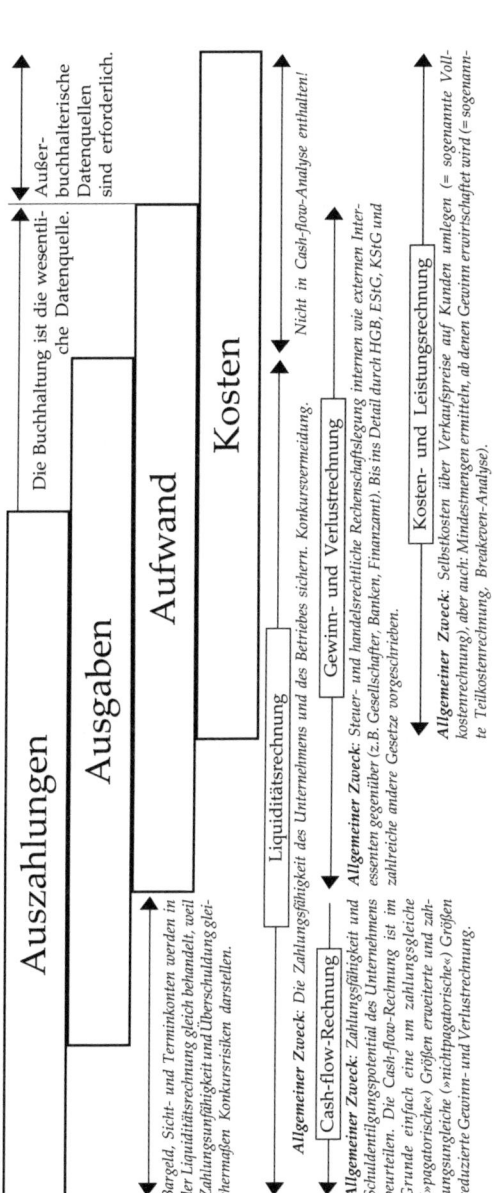

Abbildung 1.1: Die grundlegenden Definitionen des Rechnungswesens

2.
Bewertung des Anlagevermögens

2.1. Definition des Anlagevermögens

Anlagevermögen ist allgemein jedes Objekt, das der Unternehmer langfristig zu nutzen beabsichtigt (§ 247 Abs. 2 HGB; § 6 Abs. 1 EStG; IAS 1.51 ff). Als Langfristigkeitsgrenze wird erfahrungsgemäß eine Nutzungsperiode von einem Jahr angenommen, denn was darüber hinausgeht, betrifft mehrere Jahresabschlüsse. IAS 1.57 enthält detailliertere Erkenntnisgründe, u.a. die Absicht baldigen Verbrauches oder die Absicht, mit dem Gegenstand als Ware zu handeln. Hierbei kommt es stets nur auf die zugrundeliegende Absicht an: ein Auto, das auf dem Hof des Autohändlers steht und zum Verkauf angeboten wird, ist ein Umlaufvermögensgegenstand, und zwar auch dann, wenn der Händler es tatsächlich aus welchen Gründen auch immer nicht verkaufen kann. Die Umlaufvermögenseigenschaft bleibt also auch längerfristig bestehen, wenn die entsprechende Veräußerungsabsicht bestehen bleibt. Sobald der Händler aber das Fahrzeug entnimmt, um es als Dienstfahrzeug selbst zu nutzen, wird aus dem Objekt ein Anlagevermögensgegenstand, weil sich die zugrundeliegende Nutzungsabsicht verändert hat. Und zwar auch dann, wenn schon einen Tag später der Wagen durch Unfall zerstört wird und daher aus dem Vermögen des Händlers ausscheidet, also tatsächlich nur ganz kurze Zeit zum Anlagevermögen gehört hat.

Während das deutsche Steuer- wie Handelsrecht keine detaillierten Vorschriften über verschiedene Arten von Anlagevermögensgegenständen enthält, sind im Rahmen des internationalen Rechnungswesens mehrere Standards als Erkenntnisquelle interessant: IAS 16 »Sachanlagen« (»Property, Plant and Equipment«) kann als Hauptfundstelle betrachtet werden, aber anlagebezogene Regelungen befinden sich beispielsweise auch in IAS 40 »Als Finanzinvestition gehaltene Immobilien« (»Investment Property«) und in IFRS 5 »Zur Veräußerung gehaltene langfristige Vermögenswerte und aufgegebene Geschäftsbereiche« (»Non-current Assets Held for Sale and Discontinued Operations«) sowie in IAS 36 »Wertminderung von Vermögenswerten« (»Impairment of Assets«). Nebenfundstellen wären aber beispielsweise auch IFRS 6 »Exploration und Bewertung ungehobener Bodenschätze« (»Exploration for and Evaluation of Mineral Assets«) oder IAS 41 »Landwirtschaft« (»Agriculture«), denn in allen diesen Standards finden sich Regeln über langfristiges Vermögen.

2.2. Abschreibung als Bewertungsmethode

In diesem Kapitel geht es um die *Abschreibung*, denn diese ist die wichtigste Bewertungsmethode des Anlagevermögens. Bevor wir in die wesentlichen Regelungen einsteigen, ist es sinnvoll, sich über die Grundgedanken der Abschreibung fundamentale Gedanken zu machen, denn man unterscheidet zwei verschiedene Arten von Abschreibungen, die keinesfalls verwechselt werden sollten.

Als *bilanzielle Abschreibung* bezeichnet man die Abschreibung, die sich auf den Bilanzwert einer Anlage richtet. Der Bilanzwert ist der als Herstellungskosten (HK) oder Anschaffungskosten (AK) bewertete Anfangswert zum Zeitpunkt der Inbetriebnahme oder Herstellung der Nutzungsbereitschaft. Die bilanzielle Abschreibung hat den Zweck, den Wertverlust des Anlagegegenstandes über die Zeit abzubilden. Sie wird daher oft auch als »Absetzung für Abnutzung« oder AfA bezeichnet. Da dieser Wertverlust steuerlich abzugsfähig ist, sind Methoden der bilanziellen Abschreibung in Hochsteuergebieten meist steuerlich geregelt, denn eine schnelle Abschreibung führt zu einer niedrigeren Steuerlast. Es wundert daher nicht, daß die entsprechenden Regelungen im deutschen Recht in den §§ 7 ff EStG zu finden sind.

Im Gegensatz hierzu steht die *kalkulatorische Abschreibung*. Diese richtet sich auf den Wiederbeschaffungswert (WBW) der zukünftigen Ersatzbeschaffung, also einer noch gar nicht vorhandenen, sondern erst in der Zukunft anzuschaffenden Anlage. Diese »Abschreibung« wird zwar oft auch eigentlich inkorrekterweise als »AfA« bezeichnet, ist aber eigentlich gar keine Abschreibung, denn der abgeschriebene Gegenstand existiert ja noch gar nicht. Während die bilanzielle AfA nämlich dem externen Rechnungswesen und insbesondere der steuerlichen Rechnungslegung angehört, dient die kalkulatorische »Abschreibung« der Refinanzierung einer künftigen Ersatzbeschaffung, indem man deren Wert antizipiert und über die Kalkulation in die Preise einrechnet. Die systematische Begründung ist der Grundsatz der Unternehmensfortführung (Going Concern). Der Kunde zahlt also *nicht* für die Nutzung der Altanlage, sondern für deren künftigen Ersatz!

Nur die bilanzielle AfA unterliegt daher einer Vielzahl von Vorschriften; die kalkulatorische Abschreibung ist nicht gesetzlich geregelt.

Die bilanzielle Abschreibung endet i.d.R. bei null und läuft über die Periode, die mehr oder weniger fest extern für den Gegenstand vorgeschrieben ist. In Deutschland bestehen hierzu AfA-Tabellen, die fiktive kaufmännische Nutzungsdauern vorschreiben, die oft länger als die tatsächlichen Lebenszyklen der Anlagen sind. Veränderungen der vorgeschriebenen fiktiven Regelnutzungsdauer von Anlagevermögensgegenständen sind ein Spielball politischer Kürzungs- und Steuererhöhungsmaßnahmen gegen die Wirtschaft. IAS 16 fordert im Gegensatz hierzu eine möglichst realistische Nutzungsdauer. Dies entspricht auch der Vorgehensweise der kalkulatorischen Abschreibung, die ebenfalls auf die

Bilanzielle und kalkulatorische Abschreibung

	Bilanzielle Abschreibung	Kalkulatorische Abschreibung
Zweck	Minderung der Steuerlast	Refinanzierung der Ersatzinvestition
Regelungsquelle	§§ 7 EStG; §§ 253, 255 HGB und u.a. IAS 16	Keine Vorschriften
Ausgangswert	AK oder HK der alten Anlage	Geschätzter WBW der neuen Anlage
Endwert	i.d.R. Null	Schrottwert oder Wiederverkaufserlös; u.u. auch negativ (bei »Entsorgungskosten«)
Dauer	Steuerrichtlinie; taktisch so kurz wie möglich zwecks Steuerersparnis	So realistisch wie möglich, um »wahre« Preise zu kalkulieren
Adressat	Extern (Finanzamt)	Intern (Controller, Kalkulator, Geschäftsführer)
Methode	Linear oder degressiv (Steuerrecht), keine Regelung (HGB, IAS)	Keine Regelung

Tabelle 2.1: Bilanzielle und kalkulatorische Abschreibung

wirkliche Nutzungsdauer gerichtet sein soll. Anders als die bilanzielle AfA endet die kalkulatorische Abschreibung beim tatsächlichen Schrott- oder Wiederverkaufswert der Altanlage am Zeitpunkt ihrer wirklichen Außerdienststellung, der auch negativ sein kann, wenn beispielsweise Zwangsgebühren oder »Entsorgungskosten« anfallen, um das Altgerät loszuwerden.

Im deutschen Recht schreibt das Steuerrecht als bilanzielle Abschreibungsmethode die lineare oder die degressive Methode zwingend vor. Durch den Grundsatz der Maßgeblichkeit gilt dies indirekt auch für den handelsrechtlichen Abschluß, obwohl das HGB eigentlich keine Regelung über die zu verwendende AfA-Methode enthält. In den IFRS gibt es ebenfalls keine vorgeschriebene Abschreibungsmethode; da die IFRS jedoch, anders als das Handelsrecht, eine möglichst zutreffende (und nicht eine möglichst vorsichtige und damit niedrige) Bewertung anstreben, ist grundsätzlich jede Methode zulässig, wenn sie den Wertverlust der Anlage »richtig« bewertet. Die IFRS kennen aber kein Maßgeblichkeitsprinzip, so daß steuerliche und IFRS-Abschreibung sich meist unterscheiden.

Die bei der kalkulatorischen Abschreibung anzuwendende Methode ist vollkommen frei und unterliegt keinerlei gesetzlichen oder anderen Reglementierungen.

2.3. Einzelne Abschreibungsmethoden

Die im folgenden betrachteten einzelnen Rechenverfahren der Abschreibung sind meist für die bilanzielle wie für die kalkulatorische Rechnung gleichermaßen geeignet. Es ist jedoch *unbedingt* zu beachten, daß bei der kalkulatorischen Abschreibung als Ausgangswert in Periode null der Wiederbeschaffungs- und nicht etwa der Neuwert anzunehmen ist. Diesbezügliche Verwechslungen sind leider in IHK-Prüfungen häufig, aber das macht sie nicht richtiger.

2.3.1. Lineare Abschreibung

Diese nach § 7 Abs. 1 Satz 1 EStG zulässige Abschreibungsmethode geht von gleichmäßiger Verteilung des Wertverlustes auf die Nutzungsdauer aus. Dies ist sinnvoll, wenn der Gegenstand während seiner gesamten Lebensdauer im wesentlichen ungeachtet seines Alters das gleiche leistet, also die Leistung oder Produktionsergebnisse durch Alterung der produzierenden Anlage nicht entwertet werden und die Anlage im Wege der Alterung nicht langsamer oder weniger produktiv wird.

Die Höhe einer jährlichen Abschreibung ist also

$$Lin.AfA_{EUR} = \frac{AK \text{ oder } HK}{n_{kfm}} \qquad \text{F 2.1}$$

oder in Prozent

$$Lin.AfA_{\%} = \frac{1}{n_{kfm}} \qquad \text{F 2.2}$$

Der Zeitwert des Gegenstandes zum Zeitpunkt t ist bei $t = 0$ der Neuwert i.H.v. AK oder HK. Für alle Perioden $t > 0$ gilt aber

$$Zeitwert_t = AK - \sum_{i=0}^{t-1} Lin.AfA_{EUR_i} \qquad \text{F 2.3}$$

Beispiel: Eine Anlage im Neuwert AK = 150.000 Euro habe eine durch AfA-Tabelle vorgeschriebene kaufmännische Nutzungsdauer von acht Jahren. Dies entspreche der technischen Lebensdauer, so daß der Ausweis der Abschreibung nach Steuerrecht und nach IFRS deckungsgleich sei. Pro Periode sind also 12,5 % oder 18.750 Euro abzuschreiben. Der

Buchwert erreicht nach der achten Abschreibungsrate genau null. Der Verlauf der gesamten Abschreibungstabelle für diese Anlage wäre:

Periode	Abschreibung	Zeitwert
0		150.000,00 €
1	18.750,00 €	131.250,00 €
2	18.750,00 €	112.500,00 €
3	18.750,00 €	93.750,00 €
4	18.750,00 €	75.000,00 €
5	18.750,00 €	56.250,00 €
6	18.750,00 €	37.500,00 €
7	18.750,00 €	18.750,00 €
8	18.750,00 €	0,00 €

Dies kann man gut folgendermaßen visualisieren:

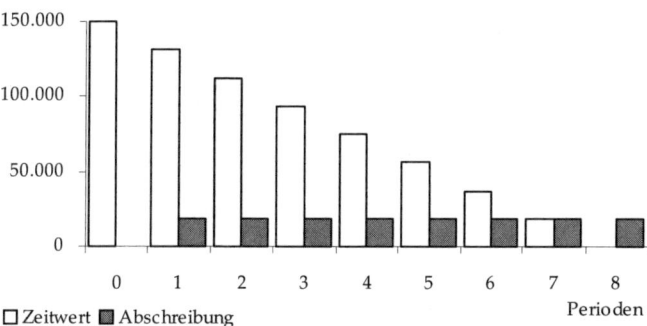

Abbildung 2.1: Lineare Abschreibung

Soll kalkulatorisch linear abgeschrieben werden, so müssen der Wiederbeschaffungs- und der Schrottwert einbezogen werden. Beide Werte sind zu schätzen. Während die Schätzung des Schrott- oder Wiederveräußerungswertes i.d.R. nur auf Erfahrungswerten beruhen kann, ist für den Wiederbeschaffungswert eine Schätzung aufgrund der Inflationsrate sinnvoll, wenn der Markt stabil ist. Wird die fragliche Anlage also nicht wertvoller, sondern nur teurer, so kann man rechnen:

$$WBW = AK \times (1+p)^{n_{tech}} \qquad \text{F 2.4}$$

Diese Methode ist nicht anwendbar, wenn die Anlage im Laufe ihrer voraussichtlichen Lebensdauer größeren technischen Veränderungen unterliegt. Dies gilt gleichermaßen, wenn diese Änderungen durch technischen Fortschritt bedingt sind (Computer werden leistungsfähiger) oder administrativ erzwungen sind, ohne einen Fortschritt im Sinne der Erhöhung der Leistungsfähigkeit darzustellen (Fahrzeuge und Industrieanlagen unterliegen immer neuen Überwachungs- und Gängelungstechniken, die die Freiheit des Nutzers einschränken anstatt sie zu erweitern).

Die kalkulatorische Abschreibung wäre nunmehr:

$$Kalk.Abschreibung_{EUR} = \frac{WBW - SW}{n_{tech}} \qquad F\ 2.5$$

Beispiel: Die Inflation betrage 3 % pro Jahr. Bei einer Nutzungsdauer von acht Jahren beträgt der Wiederbeschaffungswert also 190.015,51 Euro. Nehmen wir einen Schrottwert von null an, also eine kosten- wie erlöslose Beseitigung der Altanlage am Ende ihrer technischen Lebensdauer, so würde ein Betrag von 18.750 Euro pro Periode steuermindernd geltend gemacht werden, aber dem Kunden müßten pro Jahr 23.751,49 Euro im Wege der Kalkulation in Rechnung gestellt werden.

Besteht aber ein Wiederveräußerungswert von 10.000 Euro, so betrüge der jährliche kalkulatorische Abschreibungswert nur 22.501,94 Euro. Müssen wir aber statt einer Wiederveräußerung mit einer Zwangsgebühr bei Demontage der Anlage in acht Jahren i.H.v. 10.000 Euro rechnen, so kämen zu den 190.015,51 Euro diese 10.000 Euro zusätzlich hinzu. Sie sind gleichsam ein negativer Schrottwert. Der jährliche kalkulatorische Abschreibungswert wäre nunmehr 25.001,94 Euro.

2.3.2. Degressive Abschreibung

Viele Anlagen nehmen zu Anfang schneller an Wert ab als gegen Ende ihrer Nutzungsdauer. § 7 Abs. 2 EStG läßt daher die degressive Abschreibung in fallenden Jahresbeträgen als einziges alternatives Verfahren zu. Hierbei gilt aber eine Höchstgrenze für den degressiven Abschreibungsbetrag:

Maximale degressive Abschreibung

	Bis 2000	Ab 2001
Absolut	**Drei** Mal lineare Abschreibung in Prozent	**Zwei** Mal lineare Abschreibung in Prozent
Absolut	Maximal **30** %	Maximal **20** %

Tabelle 2.2: Maximale degressive Abschreibung nach § 7 Abs. 2 EStG

Der jeweilige Wert zu Beginn der Abschreibung gilt dabei fort, d.h., eine bis einschließlich Veranlagungszeitraum 2000 angeschaffte Anlage behält ihre höhere Abschreibung auch über das Jahr 2000 hinaus bei. Die alte Regel ist also noch über viele Jahre weiterhin von Bedeutung. Die Kürzung bewirkte eine erhebliche Verschärfung der Ertragsbesteuerung insbesondere bei maschinenintensiven Unternehmen. Sie war eine indirekte Steuererhöhung und ist ein Standortnachteil für produktive Unternehmen.

Beispiel: Für verschiedene Nutzungsdauern würde also gelten:

	lin. AfA	degr. AfA bis 2000	degr. AfA ab 2001
3	33,333 %	30,000 %	20,000 %
5	20,000 %	30,000 %	20,000 %
8	12,500 %	30,000 %	20,000 %
10	10,000 %	30,000 %	20,000 %
12	8,333 %	25,000 %	20,000 %
15	6,667 %	20,000 %	13,333 %
20	5,000 %	15,000 %	10,000 %

Der degressive Abschreibungsbetrag wird aber auf den Zeit- und nicht auf den Neuwert angewandt. Der degressive Zeitwert der Periode t kann also bestimmt werden aus

$$Zeitwert_t = AK \times (1 - Degr.AfA_{\%})^t \qquad \text{F 2.6}$$

und der degressive Abschreibungsbetrag einer Periode ist

$$Degr.AfA_{EUR_t} = AK \times Degr.AfA_{\%} \times (1 - Degr.AfA_{\%})^{(t-1)} \qquad \text{F 2.7}$$

Beispiel: Unsere schon bekannte Anlage mit Anschaffungskosten i.H.v. 150.000 Euro sei nunmehr degressiv abzuschreiben. Da die Nutzungsdauer unter zehn Jahren liegt, ist die Obergrenze einer degressiven Abschreibung von 20 % pro Jahr maßgeblich:

Periode	Abschreibung	Zeitwert
0		150.000,00 €
1	30.000,00 €	120.000,00 €
2	24.000,00 €	96.000,00 €
3	19.200,00 €	76.800,00 €
4	15.360,00 €	61.440,00 €
5	12.288,00 €	49.152,00 €
6	9.830,40 €	39.321,60 €
7	7.864,32 €	31.457,28 €
8	6.291,46 €	25.165,82 €

Der fallende Abschreibungsbetrag verursacht hier zu Beginn der Abschreibungszeit einen steuerlichen Vorteil, gegen Ende aber einen steuerlichen Nachteil.

Da die degressive AfA nie einen Zeitwert von null erreicht, ist der Übergang von degressiv auf linear nach § 7 Abs. 3 EStG zulässig. Dieser Methodenwechsel ist daher kein Verstoß gegen den Stetigkeitsgrundsatz. Da es keine Vorschrift darüber gibt, wann der Wechsel vorzunehmen ist, ist dies dem Steuerpflichtigen überlassen. Die nach dem Wechsel übrige lineare Abschreibung bezieht sich nur noch auf den restlichen Zeitraum und den Zeitwert bei Beginn der linearen Restabschreibung.

Beispiel: In unserem obigen Muster soll in der vierten Rechnungsperiode von degressiv auf linear gewechselt werden. Dieser Zeitpunkt ist rein willkürlich. Wir erhalten nun:

Periode	Methode	Abschreibung	Zeitwert
0			150.000,00 €
1	degr.	30.000,00 €	120.000,00 €
2	degr.	24.000,00 €	96.000,00 €
3	degr.	19.200,00 €	76.800,00 €
4	lin.	15.360,00 €	61.440,00 €
5	lin.	15.360,00 €	46.080,00 €
6	lin.	15.360,00 €	30.720,00 €
7	lin.	15.360,00 €	15.360,00 €
8	lin.	15.360,00 €	0,00 €

Dies zeigt sich gut in der graphischen Darstellung:

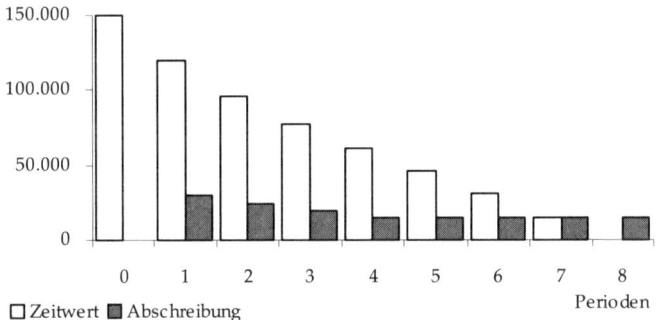

Abbildung 2.2: Degressive Abschreibung mit Übergang zur linearen Methode

Für den Zeitpunkt des Methodenwechsels gibt es eine Vielzahl von Faustregeln. Manche funktionieren aber seit der Reform von 2001 nicht mehr, so daß es keine einheitliche Vorgehensweise mehr gibt:

	Anschaffung bis 2000		Anschaffung ab 2001	
	Abschreibung	Zeitwert	Abschreibung	Zeitwert
0		150.000,00 €		150.000,00 €
1	45.000,00 €	105.000,00 €	30.000,00 €	120.000,00 €
2	31.500,00 €	73.500,00 €	24.000,00 €	96.000,00 €
3	22.050,00 €	51.450,00 €	19.200,00 €	76.800,00 €
4	15.435,00 €	36.015,00 €	15.360,00 €	61.440,00 €
5	10.804,50 €	25.210,50 €	12.288,00 €	49.152,00 €
6	7.563,15 €	17.647,35 €	9.830,40 €	39.321,60 €
7	5.294,21 €	12.353,15 €	7.864,32 €	31.457,28 €
8	3.705,94 €	8.647,20 €	6.291,46 €	25.165,82 €

Einst sollte der Wechsel vorgenommen werden, wenn der degressive Restwert die Höhe der anfänglichen linearen AfA-Rate unterschreitet. Die anfängliche lineare Rate wäre 18.750 Euro. Unter den Bedingungen einer Anschaffung bis zum Jahre 2000 wäre der Wechsel also im sechsten Jahr vorzunehmen; unter den neuen Bedingungen wird die Wechselbedingung gar nicht mehr erreicht.

2.3.3. Die steuerliche »Pro-rata-temporis«-Regel

Diese besagt, daß zeitanteilig abzuschreiben ist. Die Vereinfachungsvorschrift, daß bei Anschaffung in der ersten Kalenderjahreshälfte noch die ganze erste Abschreibungsrate im ersten Kalenderjahr erfaßt werden darf, wurde ab 2004 abgeschafft.

Beispiel: Unsere Beispielanlage sei am 01.09.2004 angeschafft worden. Das erste Abschreibungsjahr liegt also zu 122 Tagen oder 33,333 % in 2004 und zu 244 Tagen oder 66,667 % in 2005. Die erste AfA-Rate i.H.v. 18.750 € (linear) wäre also zu 33,333 % auf 2004 und zu 66,667 % auf 2005 zu beziehen. Aus dem ersten Nutzungsjahr entfielen also nur 6.250 Euro auf 2004, aber 12.500 Euro auf 2005. Gleichermaßen ist jede (!) degressive Rate auf zwei Jahre aufzuteilen. In jedem Jahr ergeben sich also Jahresraten, die aus zwei Nutzungsraten jeweils (in diesem Beispiel) im Verhältnis 2:3 addiert werden. Das ist nur im Falle der linearen Abschreibung leicht zu sehen; bei der degressiven Abschreibung muß man nachrechnen und dabei den Wechsel von degressiv zu linear im vierten Jahr (wie oben demonstriert) berücksichtigen:

Jahr	Degressiv (mit Wechsel)		Lineare AfA	
	Abschreibung	Zeitwert	Abschreibung	Zeitwert
2004		150.000,00 €		150.000,00 €
2004	10.000,00 €	140.000,00 €	6.250,00 €	143.750,00 €
2005	28.000,00 €	112.000,00 €	18.750,00 €	125.000,00 €

2006	22.400,00 €	89.600,00 €	18.750,00 €	106.250,00 €
2007	17.920,00 €	71.680,00 €	18.750,00 €	87.500,00 €
2008	15.360,00 €	56.320,00 €	18.750,00 €	68.750,00 €
2009	15.360,00 €	40.960,00 €	18.750,00 €	50.000,00 €
2010	15.360,00 €	25.600,00 €	18.750,00 €	31.250,00 €
2011	15.360,00 €	10.240,00 €	18.750,00 €	12.500,00 €
2012	10.240,00 €	0,00 €	12.500,00 €	0,00 €

Die acht Nutzungsjahre des Beispiels entsprechen nunmehr aber neun Kalenderjahren (2004 bis einschließlich 2012), wenn die Anlage im ersten Kalenderjahr unterjährig angeschafft wird, also Nutzungsjahr und steuerlicher Veranlagungszeitraum nicht übereinstimmen.

2.3.4. Weitere Abschreibungsmethoden

IAS 16 enthält keine Vorschrift über anzuwendende Abschreibungsmethoden. Dem Bilanzierenden bleibt also überlassen, welches Verfahren er anwendet. Leitgedanke ist in den IFRS, Entscheidungsnutzen für den Abschlußleser zu vermitteln. Alle Abschreibungsverfahren, die dies gewährleisten, sind also u.a. nach IAS 16 zulässig.

2.3.4.1. Abschreibung nach Leistungseinheiten

Diese Methode ist sinnvoll, wenn die Leistung einer Anlage z.B. mit einem Zählwerk zuverlässig meßbar ist, aber stark schwankt. Auf jedes Nutzungsjahr müssen dann die diesem Jahr zuzurechnenden Leistungseinheiten zugeordnet werden. Hierzu muß die technische Gesamtlebensdauer der Anlage in Leistungseinheiten meßbar und vorab bekannt sein. Das ist bei vielen Produktionsanlagen, aber beispielsweise auch bei Fahr- und Flugzeugen oft der Fall. Die bilanzielle AfA in Euro pro Rechnungsperiode wäre dann:

$$LeistungsAfA_{EUR_t} = AK \times \frac{l_t}{L} \qquad \text{F 2.8}$$

In Prozent pro Periode wäre dies:

$$LeistungsAfA_{\%_t} = 1 \times \frac{l_t}{L} \qquad \text{F 2.9}$$

Beispiel: Die Musteranlage mit Anschaffungskosten i.H.v. 150.000 Euro sei ein Nutzfahrzeug, dessen technische Lebensdauer auf 250.000 km veranschlagt werde. Pro geleisteten Kilometer sind also 0,60 Euro abzurechnen. Ist die Nutzung pro Jahr bekannt, so kann die bilanzielle AfA nach Leistungseinheiten bemessen werden:

Periode	Leistung	Abschreibung	Zeitwert
0			150.000,00 €
1	30.000 km	18.000,00 €	132.000,00 €
2	20.000 km	12.000,00 €	120.000,00 €
3	10.000 km	6.000,00 €	114.000,00 €
4	70.000 km	42.000,00 €	72.000,00 €
5	20.000 km	12.000,00 €	60.000,00 €
6	40.000 km	24.000,00 €	36.000,00 €
7	35.000 km	21.000,00 €	15.000,00 €
8	25.000 km	15.000,00 €	0,00 €

Die Methode ist besonders gut bei stark schwankender Auslastung der Anlage geeignet. Die Grafik zeigt schön die schwankende Höhe der Abschreibung und den daraus folgenden unregelmäßigen Verlauf des Zeitwertes:

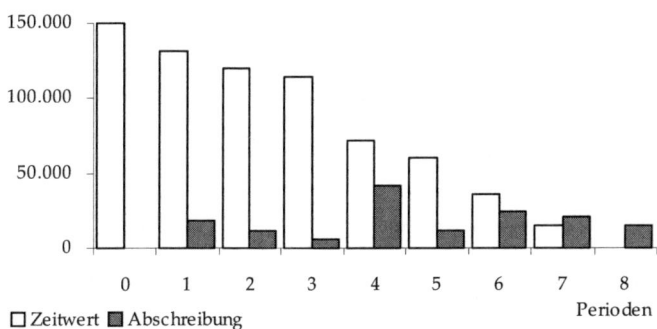

Abbildung 2.3: Abschreibung nach Leistungseinheiten

Die Abschreibung nach Leistungseinheiten ist auch kalkulatorisch möglich. Hier gilt:

$$Kalk.LeistungsAfA_{EUR_t} = (WBW - SW) \times \frac{l_t}{L} \qquad \text{F 2.10}$$

2.3.4.2. Digitale Abschreibung

Manche Anlagen nehmen am Ende ihrer Lebensdauer stärker an Wert ab. Es ist daher sinnvoll, auch am Ende (und nicht am Anfang) ihrer Lebensdauer höhere Abschreibungsbeträge zu buchen. Diese Methode wäre nach IAS 16 zulässig, aber nach deutschem Steuerrecht unzulässig. Der steuerliche Wert der Anlage würde sich also von ihrem Wert nach IFRS unterscheiden. Eine Methode, die sich hierfür eignet, ist die sogenannte digitale Abschreibung. Diese basiert auf einer Degressionsformel, die dann auf die Abschreibungsbeträge umgerechnet wird. Bei bilanziellem Vorgehen ist die Degression:

$$Degression = \frac{AK\ oder\ HK}{\sum_{i=1}^{n_{kfm}} Jahresziffern}$$
F 2.11

Bei kalkulatorischer Rechnung unterscheidet sich lediglich der Ausgangswert:

$$Degression = \frac{(WBW - SW)}{\sum_{i=1}^{n_{tech}} Jahresziffern}$$
F 2.12

Die Abschreibung, ganz gleich ob kalkulatorisch oder bilanziell, kann nunmehr bestimmt werden aus

$$AfA_{EUR_t} = Degression \times Jahresziffern$$
F 2.13

Beispiel: Unsere Anlage hat den schon bekannten Neuwert von 150.000 Euro, den wir digital abschreiben wollen. Wir gehen also bilanziell vor, was nach IAS 16 zulässig wäre. Die Degression ist also

$$Degression = \frac{150.000}{1+2+3+4+5+6+7+8} = 4.166{,}6667$$
F 2.14

Dieser Faktor

- ergibt eine progressive Abschreibung, wenn die Jahreszahlen in *steigender* Reihenfolge 1, 2, 3, ..., 8 als Multiplikatoren in F 2.13 benutzt werden, aber
- eine degressive Abschreibung, wenn die Jahreszahlen in *fallender* Reihenfolge 8, 7, 6, ..., 1 in F 2.13 benutzt werden.

Jahr	Degressiv digital		Progressiv digital	
	Abschreibung	Zeitwert	Abschreibung	Zeitwert
0		150.000,00 €		150.000,00 €
1	33.333,33 €	116.666,67 €	4.166,67 €	145.833,33 €
2	29.166,67 €	87.500,00 €	8.333,33 €	137.500,00 €
3	25.000,00 €	62.500,00 €	12.500,00 €	125.000,00 €
4	20.833,33 €	41.666,67 €	16.666,67 €	108.333,33 €
5	16.666,67 €	25.000,00 €	20.833,33 €	87.500,00 €
6	12.500,00 €	12.500,00 €	25.000,00 €	62.500,00 €
7	8.333,33 €	4.166,67 €	29.166,67 €	33.333,33 €
8	4.166,67 €	0,00 €	33.333,33 €	0,00 €

Die degressive Variante dieser Methode (links) hat den Vorteil, auch ohne Methodenwechsel den Nullpunkt zu erreichen:

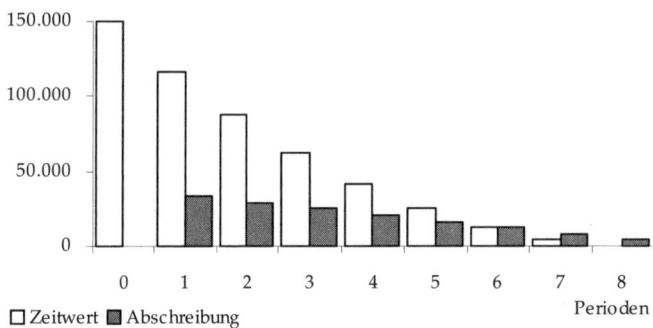

Abbildung 2.4: Digital-degressive Abschreibung

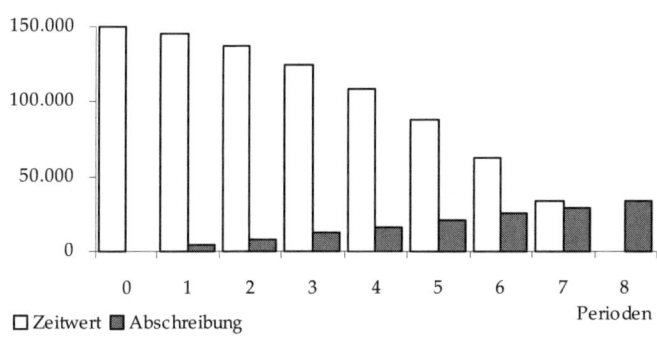

Abbildung 2.5: Digital-progressive Abschreibung

Einzelne
Abschreibungs-
methoden

Die progressive Variante (Abbildung 2.5) bewertet die Abnutzung am Ende der Nutzungszeit höher als zu Beginn, was etwa bei datentechnischen Anlagen, die zu Anfang »nur« dem sogenannten »moralischen Verschleiß« unterliegen, gegen Ende ihrer Lebensdauer aber steigende Wartungsaufwendungen erzeugen, sinnvoll sein kann.

3. Bewertung des Umlaufvermögens

3.1. Durchschnittsbewertung

Diese Methode gemäß § 240 Abs. 4 HGB oder IAS 2.25 geht von einem gewogenen Durchschnitt aus. Aus der allgemeinen Definition des Mittelwertes

$$\mu = \frac{\sum_{i=1}^{n} X_i}{n} = \frac{1}{n} \times \sum_{i=1}^{n} X_i \qquad \text{F 3.1}$$

muß also die gewogene Formel

$$\mu_{gew} = \frac{\sum_{i=1}^{n}(X_i \times q_i)}{\sum_{i=1}^{n} X_i} \qquad \text{F 3.2}$$

abgeleitet werden, die die jeweils vorhandenen Mengen eines Materials entsprechend berücksichtigt.

Beispiel: Von einer bestimmten Materialsorte seien die folgenden Mengen beobachtet worden:

i	Menge X_i	Preis q_i	Wert $X_i \times q_i$
1	500 St	21,00 €/St	10.500,00 €
2	800 St	22,50 €/St	18.000,00 €
3	1.000 St	22,90 €/St	22.900,00 €
4	2.000 St	23,50 €/St	47.000,00 €
5	300 St	25,10 €/St	7.530,00 €
6	500 St	26,50 €/St	13.250,00 €
7	200 St	27,00 €/St	5.400,00 €
Σ	5.300 St		124.580,00 €

Der Durchschnittswert ist hier offensichtlich aus F 3.2

$$\mu_{gew} = \frac{124.580}{5.300} = 23{,}5057 \qquad \text{F 3.3}$$

pro Stück. Besteht aber am Inventurstichtag noch ein Bestand von 800 Stück, so sind diese mit 18.804,53 Euro bilanziell zu bewerten.
Dies führt aber zugleich zu einem kostengleichen Aufwand in Höhe von 105.775,47 Euro im Abrechnungszeitraum. Weshalb das so ist, wird deutlich, wenn man sich die Kontierung des aktivischen Materialeinkaufskontos und des zugehörigen Aufwandskontos anschaut:

Soll	Materialbestand (Aktiv)		Haben
Anfangsbestand	10.500,00	Summe Entnahmen	105.775,47
Summe Zugänge	114.080,00	Schlußbestand	18.804,53
	124.580,00		124.580,00

Soll	Materialaufwand		Haben
Summe Entnahmen	105.775,47		

Oben haben wir stillschweigend angenommen, daß der Marktwert des Artikels nicht unter dem bewerteten Durchschnittswert liegt. Ist aber ein feststellbarer Marktwert von 22,00 Euro am Bilanzstichtag vorhanden, so wäre nach § 253 Abs. 3 Satz 1 HGB bzw. nach IAS 2.29 auf diesen Wert abzuschreiben. Die bilanzielle Schlußbewertung wäre nunmehr nur noch 22 × 800 = 17.600 Euro, und eine Wertkorrektur i.H.v. 1.204,53 Euro wäre zusätzlich zu buchen:

Soll	Materialbestand (Aktiv)		Haben
Anfangsbestand	10.500,00	Summe Entnahmen	105.775,47
Summe Zugänge	114.080,00	Wertkorrektur	1.204,53
		Schlußbestand	14.600,00
	124.580,00		124.580,00

Soll	Materialaufwand		Haben
Summe Entnahmen	105.775,47		

Soll	Abschreibung Umlaufvermögen		Haben
Wertkorrektur	1.204,53		

Diese nach HGB und IAS 2 gebotene Wertkorrektur ist nach § 6 Abs. 1 Nr. 2 Satz 1 EStG unzulässig, wenn die Wertminderung vorübergehend ist. In diesem Fall ist eine Einheitsbilanz nicht möglich. Steuerlicher und handelsrechtlicher Wert weichen voneinander ab, weil der Gegenstand steuerlich weiterhin mit 23,5057 Euro/Stück, aber handelsrechtlich mit 22,00 Euro/Stück anzusetzen wäre.

Diese Bewertung setzt übrigens voraus, daß die Materialeinkäufe nicht direkt in das Materialaufwandskonto gebucht werden, was ein häufiger Fehler ist!

3.2. Verbrauchsfolgebewertung

Dieses Verfahren geht davon aus, daß die Umlaufvermögensgegenstände in »einer bestimmten Reihenfolge« (§ 256 HGB) entnommen werden. Man unterscheidet allgemein:

- **FIFO** = First In First Out
- **LIFO** = Last In First Out
- **HIFO** = Highest In First Out
- **LOFO** = Lowest In First Out

FIFO ist nach IAS 2.25, § 6 Abs. 1 Nr. 2a EStG und § 256 HGB zulässig. Alle anderen Methoden sind in den IFRS-Abschlüssen nicht mehr erlaubt. § 6 Abs. 1 Nr. 2a EStG stellt sie unter den Vorbehalt der Zustimmung des Finanzamtes, was LIFO, HIFO und LOFO im Grunde steuerlich in Einzelfällen zuläßt. § 256 HGB legt sich nicht auf bestimmte Methoden fest, aber LIFO gilt als allgemein zulässig, wenn ein entsprechender belegmäßiger Nachweis geführt wird (»soweit es den Grundsätzen der ordnungsgemäßen Buchführung entspricht«). HIFO und LOFO sind im HGB unüblich (und daher u.U. ein Verstoß gegen die Gewohnheitsrechts-Regel des § 238 Abs. 2 Satz 2 HGB), aber auch nicht ausdrücklich verboten. Aufgrund dieser unklaren Sachlage stellen wir hier alle vier Methoden vor – und demonstrieren die materialwirtschaftlichen Implikationen, die den meisten Praktikern nicht klar sind.

3.2.1. FIFO und LIFO

FIFO geht davon aus, daß die zuerst angeschafften Vermögensgegenstände auch zuerst verbraucht werden; LIFO hingegen legt zugrunde, daß, was zuletzt angeschafft wird, zuerst wieder verbraucht wird. Diese Annahme hat weitreichende Konsequenzen. Wir betrachten zunächst die Bewertung in Bilanz und Kostenrechnung:

Im vorstehenden Beispiel würde der Schlußbestand nach FIFO berechnet werden als $200 \times 27 + 500 \times 26{,}50 + 100 \times 25{,}10 = 21.160$ Euro. Der Stückpreis läge bei 26,45 Euro. Dies würde aber einen Aufwand i.H.v. 103.420 Euro bedingen.

Nach LIFO wäre der Schlußbestand hingegen nur 500 × 21 + 300 × 22,50 = 17.250 Euro, der Stückpreis wäre 21,5625 Euro und der kostengleiche Aufwand 107.330 Euro.

In beiden Fällen sind wir davon ausgegangen, daß der Schlußwert des Materials über dem jeweils bewerteten Wert liegt, so daß keine Wertkorrektur auf den Börsen- oder Marktpreis erforderlich ist. Wie Aufwand und Bewertungsverfahren zusammenhängen, kann man sich am besten mit der Kontierung verdeutlichen. Sowohl für FIFO als auch für LIFO gilt nämlich für den Aufwand:

$$Aufwand = Anfangsbest + \sum Zugänge - Schlußbest \qquad \text{F 3.4}$$

Wird nach FIFO bewertet, so bedeutet dies:

Soll	Materialbestand (Aktiv)		Haben
Anfangsbestand	10.500,00	Summe Entnahmen	103.420,00
Summe Zugänge	114.080,00	Schlußbestand	21.160,00
	124.580,00		124.580,00

Soll	Materialaufwand	Haben
Summe Entnahmen	103.420,00	

Bei LIFO-Bewertung hingegen ist der Aufwand größer, weil der Bilanzwert des Schlußbestandes aufgrund des steigenden Preises kleiner ist:

Soll	Materialbestand (Aktiv)		Haben
Anfangsbestand	10.500,00	Summe Entnahmen	107.330,00
Summe Zugänge	114.080,00	Schlußbestand	17.250,00
	124.580,00		124.580,00

Soll	Materialaufwand	Haben
Summe Entnahmen	107.330,00	

Man kann den Zusammenhang auch folgendermaßen visualisieren:

FIFO	i	Menge X_i	Preis q_i	Wert $X_i \times q_i$	LIFO
	1	500 St	21,00 €/St	10.500,00 €	
	2	800 St	22,50 €/St	18.000,00 €	
	3	1.000 St	22,90 €/St	22.900,00 €	
	4	2.000 St	23,50 €/St	47.000,00 €	
	5	300 St	25,10 €/St	7.530,00 €	
	6	500 St	26,50 €/St	13.250,00 €	
	7	200 St	27,00 €/St	5.400,00 €	
	Σ	5.300 St		124.580,00 €	

Dies hat weitere Implikationen. Um diese zu verstehen, ist ein Ausflug in die Materialwirtschaft erforderlich. Aus der Lagerwirtschaft wissen wir, daß die Lagerumschlagshäufigkeit

$$LU = \frac{V}{EB+M}$$ F 3.5

ist. Wegen der Berechnung des Höchstbestandes aus

$$HB = EB + M$$ F 3.6

gilt für die Lagerumschlagshäufigkeit

$$LU = \frac{V}{EB+M} = \frac{V}{HB}$$ F 3.7

Daraus können wir die durchschnittliche Lagerdauer mit

$$LD_\varnothing = \frac{360}{2 \times LU}$$ F 3.8

bestimmen. Nun ist aber die maximale Lagerdauer anscheinend das Doppelte der mittleren Lagerdauer:

$$LD_{max} = \frac{EB+M}{V_{Tag}} = 2 \times LD_\varnothing$$ F 3.9

Das ist leicht nachzuvollziehen, wenn man es sich vorstellt: bei Durchschnittsbewertung kann jeder Gegenstand zu jeder Zeit entnommen werden. Das Lager kann damit als eine Art »offene Kiste« definiert werden, in der jedes Lagerobjekt frei zugänglich ist:

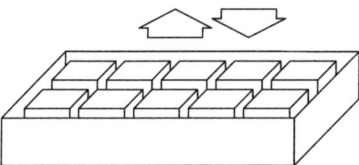

Abbildung 3.1: Visualisierung der Einlagerung und Entnahme bei Durchschnittsbewertung

Liegen beispielsweise zehn Bedarfsobjekte im Lager und kann jedes zu jeder Zeit entnommen werden, d.h. ist die Entnahmewahrscheinlichkeit für jeden Gegenstand gleich hoch, so ist nach fünf Tagen die Hälfte der gelagerten Gegenstände entnommen worden und nach zehn Tagen sind alle weg, wenn pro Tag ein Objekt das Lager verläßt. Die mittlere Lagerdauer ist also halb so groß wie die maximale Lagerdauer, die der letzte Gegenstand durchläuft.

FIFO kann hingegen mit einer Warteschlange verglichen werden, in der nicht »vorgedrängelt« wird.

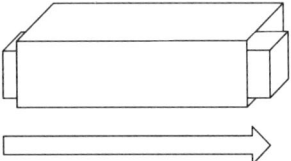

Abbildung 3.2: Visualisierung der Einlagerung und Entnahme bei FIFO-Bewertung

Hier wird immer das Objekt entnommen, das »hinten« rauskommt, also auch das Objekt, das bereits am längsten im Lager verweilt hat. Anders als bei der »offenen Kiste« kann hier also kein Gegenstand weniger als die maximale Lagerdauer im Lager verbleiben.

Wir können F 3.9 also insofern einschränken, daß diese Formel nur bei Durchschnittsbewertung gilt. Wird nach FIFO bewertet, so gilt abweichend von F 3.8 und F 3.9

$$LD_{\varnothing_{FIFO}} = LD_{\max_{FIFO}} = \frac{EB + M}{V_{Tag}} = \frac{HB}{V_{Tag}} \qquad \text{F 3.10}$$

Dies kann weitreichende praktische Implikationen haben: Wird von Durchschnittsbewertung (u.a. § 240 Abs. 4 HGB und IAS 2.25) auf FIFO-Bewertung u.a. nach § 256 HGB umgestellt, so *verdoppelt sich die durchschnittliche Lagerdauer*! Waren bisher unter den Bedingungen der Durchschnittsbewertung nur wenige Prozent des Materials wegen zu langer Lagerdauer verdorben, so vergammelt jetzt *alles*. Dies kann einem Verantwortlichen, der sich über diese Zusammenhänge keine Klarheit verschafft hat, den ganzen Tag verderben!

Weshalb bei LIFO solche Aussagen übrigens grundsätzlich unmöglich sind, verdeutlicht ebenfalls eine Visualisierung. LIFO kommt in der

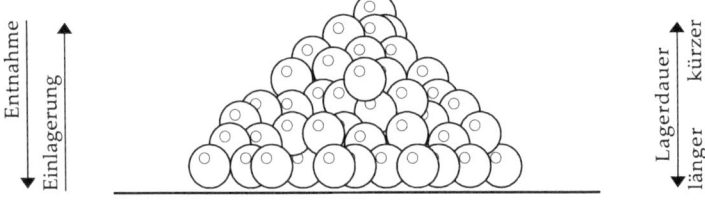

Abbildung 3.3: Visualisierung der Einlagerung und Entnahme bei LIFO-Bewertung

Praxis nämlich fast nur bei Schüttlagerung vor. Für diese Lagermethode ist aber charakteristisch, daß die einzulagernden Bedarfsgegenstände von oben durch Aufschütten in das Lager eingebracht werden, also den »Haufen« erhöhen, während Entnahmen von oben nach unten die Höhe des »Haufens« reduzieren.

Die Lagerdauer im oberen Teil des Lagers ist also am kürzesten. Das zuoberst eingelagerte Lagerobjekt könnte sofort wieder entnommen werden, während das unterste Bedarfsobjekt so lange liegt, bis alle über ihm befindlichen Bedarfsobjekte entnommen wurden.

Es gibt aber keine objektivierbare Entnahmereihenfolge. Der unterste Bedarfsgegenstand wird spätestens entnommen, wenn das Lager ganz geleert wird, was aber niemals der Fall sein könnte, wenn ein eiserner Bestand geführt wird (und stets erhalten bleibt). Auch in der Höhendimension gibt es keine klare Regel hinsichtlich der Lagerdauer, weil mal mehr, mal weniger eingelagert bzw. entnommen wird. LIFO macht also Aussagen über Lagerdauer unmöglich.

3.2.2. HIFO und LOFO

HIFO geht davon aus, daß die am teuersten angeschafften Vermögensgegenstände auch zuerst verbraucht werden, LOFO hingegen legt zugrunde, daß, was am günstigsten angeschafft wird, zuerst wieder verbraucht wird. Beide Verfahren sind nach IAS 2 und Steuerrecht unzulässig und im HGB umstritten; sie werden allerdings immer wieder in Prüfungen abgefragt und daher hier kurz dargestellt.

Für die HIFO- und die LOFO-Berechnung müssen die Lagervorgänge nach Wert geordnet werden. Das ist hier unproblematisch, weil der Preis ohnehin kontinuierlich angestiegen ist. Wir beginnen einfach mit dem teuersten Kauf:

HIFO	i	Menge X_i	Preis q_i	Wert $X_i \times q_i$	LOFO
	7	200 St	27,00 €/St	5.400,00 €	
	6	500 St	26,50 €/St	13.250,00 €	
	5	300 St	25,10 €/St	7.530,00 €	
	4	2.000 St	23,50 €/St	47.000,00 €	
	3	1.000 St	22,90 €/St	22.900,00 €	
	2	800 St	22,50 €/St	18.000,00 €	
	1	500 St	21,00 €/St	10.500,00 €	
	Σ	5.300 St		124.580,00 €	

Bei LOFO sind die am günstigsten gekauften Objekte zuerst verbraucht worden. Der Schlußbestand wäre also aus den teuersten Lagerobjekten mit 200 × 27 + 500 × 26,50 + 100 × 25,10 = 21.160 Euro zu berechnen, und bei HIFO sind die teuersten Artikel verkauft worden, so daß mit den billigsten Artikeln zu rechnen wäre 500 × 21 + 300 × 22,50 = 17.250 Euro.

HIFO und LOFO entsprechen aber nur bei monoton steigendem (oder fallendem) Preis FIFO und LIFO. Wäre der Lagerverlauf gewesen

i	Menge X_i	Preis q_i	Wert $X_i \times q_i$
1	500 St	21,00 €/St	10.500,00 €
2	800 St	22,50 €/St	18.000,00 €
3	1.000 St	19,00 €/St	19.000,00 €
4	2.000 St	18,00 €/St	36.000,00 €
5	300 St	25,10 €/St	7.530,00 €
6	500 St	26,50 €/St	13.250,00 €
7	200 St	27,00 €/St	5.400,00 €
Σ	5.300 St		109.680,00 €

so wären der FIFO- und der LIFO-Wert im Vergleich zu den vorstehenden Beispielen unverändert (FIFO: 200 × 27 + 500 × 26,50 + 100 × 25,10 = 21.160 Euro Bilanzwert und Stückpreis i.H.v. 26,45 Euro sowie LIFO: 500 × 21 + 300 × 22,50 = 17.250 Euro Bilanzwert und Stückpreis = 21,5625 Euro). Für HIFO und LOFO wäre die Liste aber neu zu sortieren:

HIFO

i	Menge X_i	Preis q_i	Wert $X_i \times q_i$	**LOFO**
7	200 St	27,00 €/St	5.400,00 €	
6	500 St	26,50 €/St	13.250,00 €	
5	300 St	25,10 €/St	7.530,00 €	
2	800 St	22,50 €/St	18.000,00 €	
1	500 St	21,00 €/St	10.500,00 €	
3	1.000 St	19,00 €/St	19.900,00 €	
4	2.000 St	18,00 €/St	36.000,00 €	
Σ	5.300 St		109.680,00 €	

Der HIFO-Schlußbestand wäre nunmehr 800 × 18 = 14.400 Euro, aber LOFO unverändert 200 × 27 + 500 × 26,50 + 100 × 25,10 = 21.160 Euro.

Bei HIFO und LOFO sind wie bei LIFO keine allgemeingültigen Aussagen über die Lagerdauer möglich.

3.3. Percentage-of-Completion-Methode

Die Methode der anteiligen Fertigstellung (Percentage-of-Completion-Methode) erlaubt in IAS 11, Bauaufträge nach anteiliger Fertigstellung zu bilanzieren. Maßgeblich ist der Fertigstellungsgrad. IAS 11.30 schreibt kein bestimmtes Verfahren fest vor, bietet aber als Rechenwege an:

$$Fertigstellungsgrad = \frac{Entstandene\ Kosten}{Gesamtkosten} \qquad \text{F 3.11}$$

oder alternativ

$$Fertigstellungsgrad = \frac{Geleistete\ Arbeit}{Gesamtumfang\ der\ Arbeit} \qquad \text{F 3.12}$$

Beispiel: Bei einem über fünf Perioden abgewickelten Bauauftrag sei ein Preis von 40.000 Euro vereinbart worden. Der anteilige Fertigstellungsgrad (Percentage of Completion) muß für jede Periode ermittelt werden. Hierzu wird die kumulierte Kostensumme nach IAS 11.31 durch die geschätzte Summe der Gesamtkosten geteilt (F 3.11):

Beispiel für die Percentage-of-Completion-Methode					
Jahr	1	2	3	4	5
vereinbarter Preis	40.000	40.000	40.000	40.000	40.000
geschätzte Gesamtkosten	22.000	25.000	28.000	28.000	28.000
tatsächliche Kosten	2.200	2.300	5.300	9.800	8.400
kumulierte Kosten	2.200	4.500	9.800	19.600	28.000
Fertigungsgrad	10 %	18 %	35 %	70 %	100 %

Abbildung 3.4: Beispiel für die Percentage-of-completion-Methode

Wenn sich die Gesamtkosten erhöhen, kann es im Zeitablauf zu einem Rückgang des Fertigstellungsgrades kommen:

Beispiel für die Percentage-of-Completion-Methode					
Jahr	1	2	3	4	5
vereinbarter Preis	100.000	100.000	100.000	100.000	100.000
geschätzte Gesamtkosten	70.000	80.000	80.000	90.000	90.000
tatsächliche Kosten	5.000	20.000	20.000	1.000	10.000
kumulierte Kosten	5.000	25.000	45.000	46.000	56.000
Fertigungsgrad	7,14 %	31,25 %	56,25 %	51,11 %	62,22 %

Abbildung 3.4: Beispiel für die Percentage-of-Completion-Methode

In diesem Beispiel steigen die geschätzten Gesamtkosten kontinuierlich an, möglicherweise durch Erhöhungen von Marktpreisen z.B. für Löhne, Rohstoffe oder Energie. In Periode vier kommt es zugleich zu einem teilweisen Baustillstand. Da der extern vorgegebene Kostenanstieg höher ist als die in Periode vier entstandenen Kosten, geht der Fertigstellungsgrad von 56,25 % in Periode drei auf nur noch 51,11 % in Periode vier zurück.

3.4. Bewertung von Forderungen

Forderungen sind Geldbeträge, die das Unternehmen in der Zukunft noch zu erhalten hat. Sie sind zunächst zum Nominalwert auszuweisen. Jeder Forderung steht eine Verbindlichkeit bei einem anderen Bilanzierenden gegenüber. Verbindlichkeiten sind steuerrechtlich mit einem fiktiven Zinssatz von 5,5 % abzuzinsen, wenn ihre Laufzeit am Bilanzstichtag länger als zwölf Monate ist (§ 6 Abs. 1 Nr. 3 EStG):

$$Bilanzwert = \frac{Nominalwert}{1{,}055^n} \qquad \text{F 3.13}$$

Die Größe n steht hierbei für die Restlaufzeit der Verbindlichkeit.

Forderungen sind nach HGB abzuwerten, wenn Grund zu der Annahme besteht, daß sie nicht mehr oder nicht mehr ganz eingetrieben werden können (§ 253 Abs. 3 HGB), was der Bewertung zum beizulegenden Zeitwert (Fair Value) in den IAS entspricht. Zudem gilt der Einzelwertgrundsatz (§252 Abs. 1 Nr. 3 HGB). Die beiden hieraus resultierenden Verfahren sind die Einzelwertberichtigung und die Pauschalwertberichtigung.

- Die Einzelwertberichtigung dient der Bewertung einzelner Forderungen gemäß Einzelwertprinzip.
- Die Pauschalwertberichtigung dient der kollektiven Bewertung von Kleinforderungen, die einzeln zu korrigieren zu aufwendig wäre (gemildertes Einzelwertprinzip).

Einzelwertberichtigung: Eine Forderung i.H.v. 1.160 Euro einschließlich derzeit noch 16 % USt. werde zweifelhaft, weil der Schuldner Insolvenz beantragt hat. Sie ist zunächst abzugrenzen:

| Zweifelhafte Ford. | AN | Forderungen aus L&L | 1.000 |

Der Insolvenzverwalter stellt eine Insolvenzquote i.H.v. 60 % in Aussicht. Eine Forderungsabschreibung i.H.v. 40 % auf den Nettowert der Forderung ist zu buchen:

| Abschr. auf Ford. | AN | Einzelwertberichtigung | 1.000 |

Weil diese Berichtigung nicht endgültig ist, darf auch nicht das Konto »Zweifelhafte Forderungen« im Haben gebucht werden; die Buchung ist daher als indirekte Abschreibung durchzuführen.

Tatsächlich betrage die Insolvenzquote aber (a) 70 % oder (b) 40 % und der Insolvenzverwalter überweist den Rest. Im Fall (a) wäre ein Ertrag i.H.v. 10 % der Nettoforderung zu buchen:

Bank		812
Einzelwertberichtigung		400
Umsatzsteuer		48
AN	Zweifelhafte Ford.	1.160
	Bewertungsertrag	1.000

Die Umsatzsteuer darf erst bei Endgültigkeit der Wertminderung gemindert werden. Aus dem gleichen Grund wird erst jetzt das Konto »Zweifelhafte Forderungen« ausgebucht. Die indirekte Abschreibung wird damit verrechnet.

Wäre aber (b) eine endgültige Insolvenzquote i.H.v. 40 % festgestellt worden, so wäre zu buchen:

Bank		464
Einzelwertberichtigung		400
Bewertungsverlust		200
Umsatzsteuer		96
AN	Zweifelhafte Ford.	1.160

Diese Buchungsmethode ist handelsrechtlich verpflichtend (§ 253 Abs. 3 HGB), steuerrechtlich aber untersagt, weil die Wertminderung bis zur Endgültigkeit des Insolvenzverfahrens vorläufig und nicht dauerhaft ist (§ 6 Abs. 1 Nr. 2 Satz 2 EStG).

Pauschalwertberichtigung: Viele Kleinforderungen können u.U. nicht alle zugleich einzelbewertet werden, weil der Aufwand hierfür zu groß wäre. Das Einzelwertprinzip wird insofern gemildert (§ 240 Abs. 3 HGB und F 44). Keine Forderung darf zweimal bewertet werden, d.h., jede Forderung muß entweder in der Einzel- oder in der Pauschalwertberichtigung erfaßt werden. Eine klare Abgrenzung ist insofern erforderlich.

Beispiel: Das Unternehmen erwartet im kommenden Jahr Umsatzerlöse mit nicht einzelwertberichtigten Kleinkunden im Gesamtumfang von 1.000.000 Euro netto. Hier werde mit einem Forderungsausfall i.H.v. 3 % gerechnet. Zunächst ist die Pauschalwertberichtigung als indirekte Abschreibung vorzutragen:

Abschr. auf Ford.	AN	Pauschalwertbericht.	30.000

Die Pauschalwertberichtigung dient jetzt als eine Art »Puffer« zum Aufnehmen der geringwertigen Wertberichtigungen.

Beispiel: Ein bestimmter Kunde, gegen den eine Forderung i.H.v. 116 Euro bestand, werde zahlungsunfähig und ein Inkasso ist nicht mehr erfolgversprechend:

Pauschalwertberichtigung		100	
Umsatzsteuer		16	
	AN	Forderungen aus L&L	116

Stehen am Jahresende noch 5.000 Euro in der Pauschalwertberichtigung und wird im Folgejahr erneut mit einem Forderungsausfall i.H.v. 30.000 Euro gerechnet, so ist die Pauschalwertberichtigung wieder entsprechend »aufzufüllen«:

| Abschr. auf Ford. | AN | Pauschalwertbericht. | 25.000 |

In dem seltenen Fall, daß die Pauschalwertberichtigung am Ende des Jahres gesenkt werden muß, entsteht hingegen ein Bewertungsertrag.

Diese Buchungsmethode ist handelsrechtlich ebenfalls verpflichtend (§ 253 Abs. 3 HGB), steuerrechtlich aber ebenso wie die Einzelwertberichtigung untersagt, weil die Wertminderung bis zur Endgültigkeit des Insolvenzverfahrens vorläufig und nicht dauerhaft ist (§ 6 Abs. 1 Nr. 2 Satz 2 EStG).

4. Dynamische Methoden

4.1. Grundlagen der Zinsrechnung

In diesem Abschnitt werden Verfahren präsentiert, die den Zinseszinseffekt zugrunde legen. Der Leser sollte also mit den grundlegenden zinsbezogenen Konzepten und Methoden der Zinseszinsrechnung vertraut sein.

4.1.1. Einfache Kapitalanfangs- und endwerte

Der Kapitalendwert ist der Wert, der sich aus einem Kapitalanfangswert ergibt, wenn Zinsen und Zinseszinsen dem Kapitalbetrag zugeschlagen werden:

$$C_n = C_0 \times (1+i)^n \qquad \text{F 4.1}$$

Wird beispielsweise ein Kapitalbetrag von 1.000 Euro auf zehn Jahre zu 5 % p.a. verzinst, und werden die Zinsen und Zinseszinsen dem Kapitalbetrag zugeschlagen, so daß sie sich mit verzinsen, so beträgt die Summe C_n = 1.628,89 Euro.

Wichtig: Zinseszinsvereinbarungen sind unter Nichtbanken (also auch unter Kaufleuten) verboten (§ 248 Abs. 1 BGB)!

Der Kapitalanfangswert ist der Wert, der sich aus einem Kapitalendwert ergibt, wenn alle Zinseszinsen des Anlagezeitraumes abgezogen werden, also der Kapitalbetrag, der vorhanden sein muß eine bestimmte Endsumme einschließlich aller Zinseszinsen zu erzielen:

$$C_0 = \frac{C_n}{(1+i)^n} = C_n \times (1+i)^{-n} \qquad \text{F 4.2}$$

Will man beispielsweise in zehn Jahren bei 5 % p.a. ein Kapital von insgesamt 10.000 Euro ansparen, so muß man zu Anfang C_0 = 6.139,13 Euro anlegen.

4.1.2. Unterjährige Kapitalanfangs- und endwerte

Im vorigen Kapitel haben wir stillschweigend angenommen, daß die Zinsrechnung nur jeweils einmal pro Jahr geschieht. Das ist aber nicht immer der Fall. Auf Girokonten wird beispielsweise vierteljährlich abgerechnet. Man spricht also von vier Zinsterminen pro Jahr. Verbraucherkredite werden oft monatlich bedient und haben daher zwölf Zinstermine.

Der Kapitalendwert bei mehreren Zinsterminen ist

$$C_n = (1 + \frac{i}{m})^{n \times m}$$ F 4.3

Würde die Summe von 1.000 Euro sich also zu 5 % p.a. verzinsen, aber dieser Zins viermal pro Jahr mit jeweils 1,25 % pro Quartal abgerechnet werden, so betrüge C_n = 1.643,62 Euro. Der Unterschied zu dem Beispiel zu F 4.1 i.H.v. 14,73 Euro ist also dem Umstand geschuldet, daß mehrfach (im Beispiel viermal) im Jahr Zinsabrechnungen stattfinden. Der Zins von 5 % ist ein Nominalzins; der wirkliche (»effektive«) Jahreszins ist höher als 5 %.

Der Kapitalanfangswert bei mehreren Zinsterminen ist

$$C_0 = \frac{C_n}{(1 + \frac{i}{m})^{n \times m}} = (1 + \frac{i}{m})^{-(n \times m)}$$ F 4.4

Wollte man wie im Beispiel zu F 4.2 eine Summe von 10.000 Euro in zehn Jahren bei nominal 5 % p.a. bereitstellen, so müßte man bei vier Zinsterminen pro Jahr nur 6.084,13 Euro anfänglich bereitstellen.

Geht die Zahl der Zinstermine gegen unendlich, so spricht man von der sogenannten stetigen Verzinsung. Man erhält dann für den Kapitalendwert

$$C_n = C_0 e^{i \times n}$$ F 4.5

und für den Kapitalanfangswert

$$C_0 = \frac{C_n}{e^{i \times n}} = C_n e^{-(i \times n)}$$ F 4.6

Dies hat jedoch kaum praktische Bedeutung; mehr als zwölf Zinstermine pro Jahr sind in der Realität kaum irgendwo anzutreffen.

Der Wechseldiskont wird stets mit einem Zinstermin gerechnet:

$$D = \frac{C \times i \times t}{360}$$ F 4.7

Ein 90-Tage-Wechsel i.H.v. 10.000 Euro kostet also bei einem Diskontsatz von $i = 6$ % Zinsen i.H.v. 150 Euro. Dies ist der einzige umsatzsteuerpflichtige Zins, weil er gemäß herrschender Meinung eine Entgeltmehrung ist. Da die steuerliche Nebenleistung das steuerliche Schicksal der Hauptleistung teilt, ist der Umsatzsteuersatz derselbe der Leistung, über die der Wechsel ausgestellt wurde.

4.1.3. Besondere Verfahren der Zinseszinsrechnung

Die sogenannte »traditionelle Zinsrechnungsmethode« ist bei Banken o.ä. manchmal noch üblich, kann aber ansonsten vernachlässigt werden – außer, man muß fürchten, sie in einer Prüfung vorzufinden:

$$Zinszahl = \frac{C \times t}{i} \qquad \text{F 4.8}$$

und

$$Zinsdivisor = \frac{360}{i} \qquad \text{F 4.9}$$

dann gilt

$$Zinsen = \frac{Zinszahl}{Zinsdivisor} \qquad \text{F 4.10}$$

Die vorstehenden Rechenmethoden nehmen die Zinsperiode als gegebene Zeitperiode hin. Das gilt auch für die vorstehend betrachtete unterjährige Verzinsung. Tatsächlich ist die Zinsrechnung jedoch komplexer, als die Formeln es vermuten lassen, denn die Unregelmäßigkeiten des Kalenders müssen auch in der Zinsrechnung berücksichtigt werden. Es ist also bedeutsam zu wissen, für wie viele kalendermäßige Tage eine Schuld besteht. Gab es in der Vergangenheit hierfür eine Vielzahl von Hilfsmethoden, die das manuelle Rechnen erleichtern sollten, könnte man meinen, da nun überall Computer zur Verfügung stehen, daß solche Verfahren obsolet geworden sind – was aber keineswegs der Fall ist: noch immer kursieren die seltsamsten Rechenmethoden, die auf zum Teil noch seltsamere Namen hören, was auch geeignet ist, den Spaßfaktor in Prüfungen zu optimieren. So finden sich in der grauen Welt der Banker und Finanzdienstleister noch immer die folgenden Methoden der Zinstagerechnung:

- **30/360-Methode:** Dieses sogar von der *International Securities Market Association* favorisierte Verfahren berechnet alle Monate grundsätzlich mit 30 Tagen und das Jahr zu 360 Tagen. Fällt ein Kalendertermin auf einen 31. Tag, den die Methode nicht kennt, so ist der 30. Tag des jeweiligen Monats anzusetzen. Dieses seltsame Verfahren gibt es sogar noch in einer deutschen und einer US-Variante, die sich jedoch nur in der Behandlung des Februars unterscheiden: der deutsche Februar hat 30 Tage, der US-Februar 28 oder 29, aber das Jahr hat stets nur die 360 Tage.

- **Echt/360-Methode:** Dieses Verfahren ist auch als die »französische« oder »internationale« Methode bekannt und geht von den Monaten in ihrer wirklichen Länge aus, berechnet das Jahr aber ebenfalls zu 360 Tagen, was ebenfalls Anlaß zu netten, unerklärlichen Fehlern im Rechenergebnis ist.
- **Echt/Echt-Methode:** Hier passiert, was man als selbstverständlich voraussetzen sollte, d.h., die zu rechnenden Zeitperioden werden mit ihrem wirklichen Wert angesetzt, also der tatsächlichen Zahl von Tagen: die Monate zu 28, 29, 30 oder 31 Tagen und das Jahr zu 365 oder 366 Tagen.
- **Die Methode der PAngV:** Schließlich schreibt die Preisangabeverordnung (PAngV) zur Berechnung des Effektivzinses bei Konsumentenkrediten seit dem Jahr 2000 noch eine weitere Methode vor, die darin besteht, das Jahr stets zu 365 Tagen, 52 Wochen oder 12 gleich langen Monaten anzusetzen. Ein Monat ist dabei ein Zwölftel eines Jahres und hat 30,416666666 Tage, was auf eine ganz gewisse Art für das deutsche Gen des Bürokratismus typisch ist.

Betrachten wir ein *Beispiel*: Ein Schuld i.H.v. von 1.000 Euro mit einem Zinssatz von 10 % p.a. entsteht am 1. Januar 2004 und ist am 15. März 2005 fällig. Die beiden Endtage (1. Januar und 15. März) sind als Zinstage mitzurechnen. Hier ist weiterhin bemerkenswert, daß 2004 ein Schaltjahr ist: das Beispiel würde also andere Ergebnisse erbringen, wenn es für andere Jahre berechnet werden würde. Welche Zinszahlung ist am Ende der Laufzeit fällig? Für ein Jahr wären offensichtlich 100 Euro Zinsen fällig. Wie ist es aber für die »krumme« Zeitperiode bis zum 15. März 2005?

- **Einfache 30/360-Methode:** 1 × 360 Tage + 2,5 × 30 Tage = 435 Zinstage; die Zinsen betragen dann 435 / 360 × 100 = 120,83 Euro.
- **Deutsche 30/360-Methode:** Hier wird der Februar nur mit 29 Tagen angesetzt (2004 ist ein Schaltjahr!), so daß wir auf 434 Tage kommen (die einfache 30/360-Methode setzte für jeden Monat 30 Tage an). Die Zinsen sind damit 434 / 360 × 100 = 120,56 Euro.
- **Echt/360-Methode:** Für 2004 setzt diese Methode 360 Tage an; in 2005 haben aber der Januar 31 und der Februar 28 Tage, zu denen sich noch 15 Tage im März gesellen, was in 2005 dann 74 Tage oder insgesamt 434 Tage ausmacht, so daß die Zinsen hier auch 120,56 Euro betragen. Wäre aber die Schuld schon in 2003 entstanden und daher in 2004 ausgelaufen, so wäre der Schalttag im Schalt-

jahr 2004 mitzurechnen, 435 Zinstage oder 120,83 Euro zu rechnen.
- **Echt/Echt-Methode:** Die tatsächliche Differenz vom 1. Januar 2004 bis zum 15. März 2005 beträgt 439 Tage, so daß die Zinsen 439 / 365 × 100 = 120,27 Euro betragen. Dies ist auch das Ergebnis, wenn man die Zinstage mit einer Tabellenkalkulationssoftware wie Excel berechnet, denn solche Programme kennen nur die wirklichen Zeitabstände und keine der vereinfachenden Rechenmethoden.
- **Berechnung nach der PAngV:** Hier liegen 14,5 Monate vor, die nach der Verordnung ja gleichlang (!) sein sollen, also jeweils 365 / 12 = 30,416666666 Tage haben, was im Beispiel also 14,5 × 30,416666666 = 441,041666 Zinstage ausmacht. Der Zins beträgt dann 441,041666 / 365 × 100 = 120,83 Euro.

Was hier nur Centbeträge ausmacht, kann bei größeren Summen und höheren Zinssätzen schnell Differenzen ausmachen, die um einige Zehnerpotenzen größer sind. Es ist also unter Umständen bedeutsam, sich über die jeweils verwendete Rechenmethode Klarheit zu verschaffen, wenn man sich die Mühe macht, Kontoauszüge und ähnliche Dokumente nachzurechnen.

Für didaktische wie für praktische Zwecke wird ausschließlich die Echt/Echt-Methode empfohlen, sofern nicht die Vorschriften der Preisangabeverordnung entgegenstehen, schon alleine weil das Werkzeug des Zinsrechners heute nun mal eine Maus und eine Tastatur hat und alle einschlägigen Softwarepakete ausschließlich tatsächliche kalendermäßige Tage berechnen. Nur für die Berechnung nach der PAngV muß man i.d.R. individuelle Prozeduren schreiben.

4.1.4. Gesetzliche Zinssätze

Was es in einer Marktwirtschaft eigentlich gar nicht geben dürfte, hat in Deutschland schon eine ziemliche Bedeutung erlangt:

- Die Zinssätze der EZB gelten als volkswirtschaftliche Basiszinsen. Man unterscheidet die *Deposit Facility* (Einlagenfazilität), zu der die Banken Geld kurzfristig bei der Zentralbank hinterlegen können, die *Main Refinancing Operations Bid Rate* (Mindestbietungssatz der Hauptrefinanzierungsgeschäfte) sowie die *Marginal Lending Facility* (Spitzenrefinanzierungssatz), zu denen die Geschäftsbanken sich mit Geld von der Zentralbank refinanzieren können.
- Im bürgerlichen Recht gilt allgemein ein gesetzlicher Zinssatz von 4 % (§ 246 BGB).
- 2002 wurde ein variabler Basiszinssatz in das BGB eingeführt, der am 1. September 2001 anfänglich festgelegt und sodann jeweils zum 1. Januar und 1. Juli eines jeden Jahres durch Veröffentlichung

im Bundesanzeiger neu festgesetzt wird. Bezugsgröße für die Veränderung ist jeweils die Veränderung des Zinssatzes der *Main Refinancing Operations Bid Rate* der Europäischen Zentralbank (§ 247 Abs. 1 und 2 BGB). Dies dient insbesondere der Umsetzung der Zahlungsverzugsrichtlinie der Europäischen Union 2000/35/EG vom 29. Juni 2000, die einen einheitlichen Verzugszins von sieben Prozentpunkten über dem Zinssatz von EZB-Hauptrefinanzierungsgeschäften vorsieht.

- Im Handelsrecht gilt ein gesetzlicher Zinssatz von 5 % unter Kaufleuten (§ 352 Abs. 1 HGB).
- Der Wert unverzinslicher Forderungen oder Schulden, deren Laufzeit mehr als ein Jahr beträgt und die zu einem bestimmten Zeitpunkt fällig sind (also keine Rückstellungen darstellen), ist der Betrag, der vom Nennwert nach Abzug von Zwischenzinsen unter Berücksichtigung von Zinseszinsen verbleibt. Dabei ist von einem Zinssatz von 5,5 % auszugehen (§ 12 BewG).
- Auch Verbindlichkeiten mit einer Restlaufzeit von über zwölf Monaten sind mit dem Zinssatz von 5,5 % abzuzinsen (§ 6 Abs. 1 Nr. 3 EStG). Dies gilt nur für unverzinsliche Verbindlichkeiten. Unverzinslich ist eine Verbindlichkeit, auf die ein Zinssatz von 0 % zu zahlen ist; die vertragliche Vereinbarung eines Zinssatzes von 0 % zu dem alleinigen Zwecke, der Verzinsung der Verbindlichkeit auszuweichen, kann eine mißbräuchliche Vertragsgestaltung i.S.d. § 42 AO sein (BMF-Schreiben vom 23.8.1999, IV C 2 - S. 2175 - 25/99, BStBl. 1999 I, S. 818).
- Im Einkommensteuerrecht gilt ein pauschaler Kalkulationszinsfuß von 6 % (§ 4d Abs. 1 Nr. 1 Buchst. b EStG).
- Dieser Zinssatz gilt auch für nichtabzugsfähige Schuldzinsen, § 4 Abs. 4a EStG.
- Insbesondere für die Bewertung und Bilanzierung von Pensionsverpflichtungen wird der Zins von 6 % als Kalkulationszinsfuß angewandt (§ 6a Abs. 3 EStG und R 41 Abs. 14 EStR).
- Als Kosten der Zwischenfinanzierung bei Bauvorhaben dürfen nur Kosten für Darlehen und für eigene Mittel des Bauherrn angesetzt werden, deren Ersetzung durch zugesagte oder sicher in Aussicht stehende endgültige Finanzierungsmittel bereits bei dem Einsatz der Zwischenfinanzierungsmittel gewährleistet ist. Eine Verzinsung der vom Bauherrn zur Zwischenfinanzierung eingesetzten eigenen Mittel darf höchstens mit dem marktüblichen Zinssatz für erste Hypotheken angesetzt werden (§ 8 II. BV).
- Für die Eigenleistungen des Bauherren darf eine Verzinsung des marktüblichen Zinssatzes für erste Hypotheken angesetzt werden. Im öffentlich geförderten sozialen Wohnungsbau darf für den Teil der Eigenleistungen, der 15 % der Gesamtkosten des Bauvorhabens nicht übersteigt, eine Verzinsung von 4 % angesetzt werden (§ 20 II. BV).

- Im Rentenrecht gilt die Vermutung eines Zinses, der als sogenannter Ertragsanteil an einem Rentenrecht versteuert wird (§ 22 Nr. 1 Satz 3 Buchstabe a EStG). Diese Zinsvermutung hängt bis 2004 vom Alter des Rentenberechtigten bei Beginn der Rente ab und ist willkürlich; ab 2005 wird durch das Alterseinkünftegesetz ein fiktiver, ansteigender Ertragsanteil normiert.
- Die Mietsicherheit des Mieters einer Wohnung ist mit dem für dreimonatige Termingelder üblichen Zinssatz zu verzinsen (§ 550b Abs. 2 BGB). Dies ist ein Beispiel für eine relative Definition eines gesetzlichen Zinses.
- Eine Geldschuld ist während des Verzuges mit einem Zinssatz von 5 % über dem Basiszinssatz nach § 1 des Diskontsatz-Überleitungsgesetzes vom 9. Juli 1998 bzw. ab 2002 von 5 % über dem Basissatz zu verzinsen (§ 288 Abs. 1 Satz 1 BGB). Diese ab dem 1. Mai 2000 geltende Regel dient insbesondere dem Gläubigerschutz.
- Ab 2002 liegt ferner der Verzugszins bei Rechtsgeschäften, bei denen ein Verbraucher (§ 13 BGB) nicht beteiligt ist, 8 % über dem Basiszinssatz (§ 288 Abs. 2 BGB). Diese Vorschrift ist ein *lex specialis* zu der 5%-Vorschrift des § 352 HGB.
- Die Zinsen auf Steuerstundungen und hinterzogene Steuern (§§ 233–239 AO) betragen 0,5 % pro vollen Monat (§ 238 Abs. 1 Satz 1 AO).
- Der Säumniszuschlag für rückständige Steuerbeträge beträgt im Steuerrecht 1 % des jeweils rückständigen Betrages pro angefangenem Monat für je angefangene 100 D-Mark (bis 2001) bzw. je angefangene 50 Euro (ab 2002) (§ 240 Abs. 1 AO). Dies entspricht indirekt einer gesetzlichen Verzinsung.

4.1.5. Die Mindestverzinsung

Die Verzinsung ist das Maß für den Einsatz des Produktionsfaktors »Kapital«. Alle wirtschaftlichen Vorgänge können in letzter Konsequenz auf eine Kapitalverzinsung reduziert werden, weil Kapital die anderen drei Faktoren »Arbeit«, »Boden« und »Information« kaufen kann. Der Geschäftsführer einer Unternehmung ist Verwalter einer Kapitalmasse. Deren Verzinsung muß daher mindestens umfassen:

- einen allgemeinen Kapitalmarkt-Guthabenzins, denn man hätte das Kapital, anstatt es in eine Unternehmung zu investieren, auch am Kapitalmarkt anlegen können, und
- eine allgemeine Risikozulage.

Der Kapitalmarktguthabenzins hängt von der gesamtwirtschaftlichen Verzinsung ab und enthält u.a. auch die Inflationsrate. Die allgemeine Risikozulage hängt von Branche und Unternehmensgröße ab und ist am besten durch die Insolvenzquote beschrieben: kleine Unternehmen und solche aus Krisenbranchen haben ein höheres Insolvenzrisiko als andere aus Boom-Branchen oder Großunternehmen. Besonders Großunternehmen erhalten bei Insolvenzgefahr viel mehr Unterstützung der Politik.

Die oft gehörte Kombination »Wagnis und Gewinn« ist *falsch*, denn Gewinn ist nur, was über die Kosten hinaus erlangt wird. Kosten sind das Maß für den Faktoreinsatz. Durch Wagnisse (Risiken) entstehen aber Kosten (und keine Gewinne).

Die Summe aus diesen beiden Faktoren ist bekannt als die sogenannte Mindestrentabilität oder R_{min}. Für alle wirtschaftlichen Prozesse muß gelten:

$$i_{eff} > R_{min} \qquad \text{F 4.11}$$

Ist das nicht der Fall, ist die Verwendung der Produktionsfaktoren nicht wirtschaftlich und sollte verändert werden.

Die Mindestrentabilitätszinsrechnung eignet sich auch, Zinskostenrechnung zu betreiben. Aus

$$Kalk.Zins = \frac{AK - SW}{2} \times R_{min} \qquad \text{F 4.12}$$

erhält man die *Zinskosten* einer einzelnen Anlage und aus

$$C_{bnotw} \times R_{min} \qquad \text{F 4.13}$$

die Zinskosten einer Periode. Die Zins*aufwendungen* aus Darlehenszinsen oder anderen Schuldzinsen sind in diesem Zusammenhang lediglich Aufwendungen und keine Kosten und haben also in der Kostenrechnung nichts verloren. Auch hier werden viele Fehler gemacht.

Kalkulatorische Zins- und Abschreibungskosten entstehen unter dem Grundsatz der Unternehmensfortführung (Going Concern) für alle Anlagen, ganz gleich, wie sie erworben wurden. Man sollte sich verdeutlichen, daß auch eine in Bargeld bezahlte Anlage *Zinskosten* verursacht (nur keine *Zinsaufwendungen*). Die Vorhaltekosten sind mindestens:

$$Vorhaltekosten = \frac{WBW - SW}{n_{tech}} + \frac{AK + SW}{2} \times R_{min} \qquad \text{F 4.14}$$

4.2. Leasingzinsberechnung

Anders als bei Darlehen ist bei Leasingverträgen (IAS 17) keine Verpflichtung zur Angabe der Effektivverzinsung (internen Verzinsung) gegeben. Dieser Zins interessiert aber den Leasingnehmer, um den Leasingvertrag mit einem Kreditvertrag vergleichen zu können. Aus

$$C_0 = \frac{C_n}{(1+i)^n} = C_n \times (1+i)^{-n}$$ F 4.2

kann man aber eine Methode der Effektivzinsberechnung ableiten, die die Zahlungsreihe des Leasingnehmers als Rente auffaßt. Grundgedanke dieser Methode ist, daß jede zum Zeitpunkt t eingehende Leasingzahlung (E_t) als Return on Investment auf eine anfängliche Investitionsauszahlung A zum Zeitpunkt t (A_t) betrachtet wird. Durch Abzinsen jeder Zahlungsdifferenz für jede Einzelperiode $t = \{0, 1, 2, ..., n\}$ und Addition der sich hieraus ergebenden Barwerte der einzelnen Zahlungen kann der Kapitalwert C der gesamten Zahlungsreihe (Rente) ermittelt werden:

$$C = \sum_{t=0}^{n}(E_t - A_t) \times (1+i)^{-t}$$ F 4.15

Die Effektivverzinsung (interne Verzinsung) des Leasingvertrages ist erreicht, wenn gilt

$$C = \sum_{t=0}^{n}(E_t - A_t) \times (1+i)^{-t} = 0$$ F 4.16

Betrachten wir das an einem einfachen Beispiel: Eine Leasingsache im Wert von 60.000 Euro sei in drei gleichen Jahresraten zu jeweils 25.000 Euro abzuzahlen. Der Vertrag läuft also drei Jahre und produziert aus Sicht des Leasinggebers einen (statischen) Überschuß von 15.000 Euro, denn der Leasingnehmer zahlt für die Sache im Wert von 60.000 Euro ja insgesamt 75.000 Euro (dreimal 25.000 Euro). Wir zinsen diese Zahlungen gemäß F 4.15 aber mit einem willkürlich gewählten Anfangszins von 10 % ab:

t	(E_t–A_t)	(E_t–A_t) × (1+i)$^{-t}$
0	–60.000,00 €	–60.000,00 €
1	25.000,00 €	22.727,27 €
2	25.000,00 €	20.661,16 €
3	25.000,00 €	18.782,87 €
Summe (Kapitalwert):		C = 2.171,30 €

Die Summe sagt uns, daß die tatsächliche (reale, interne, effektive) Verzinsung hier höher als 10 % ist. Aus Sicht des Leasingnehmers ist der Leasingvertrag mit einem Darlehensvertrag zu vergleichen, der mehr als 10 % Zins kostet; aus Sicht des Leasinggebers ist die Rentabilität des Leasingvertrages über 10 %.

Rechnen wir das gleiche erneut mit 15 %, so erhalten wir:

t	(E_t-A_t)	$(E_t-A_t) \times (1+i)^{-t}$
0	−60.000,00 €	−60.000,00 €
1	25.000,00 €	21.739,13 €
2	25.000,00 €	18.903,59 €
3	25.000,00 €	16.437,91 €

Summe (Kapitalwert): $\qquad\qquad\qquad\qquad$ C = −2.919,37 €

Die tatsächliche Verzinsung des Lesasingvertrages liegt also irgendwo zwischen 10 % und 15 %. Das kann man folgendermaßen darstellen:

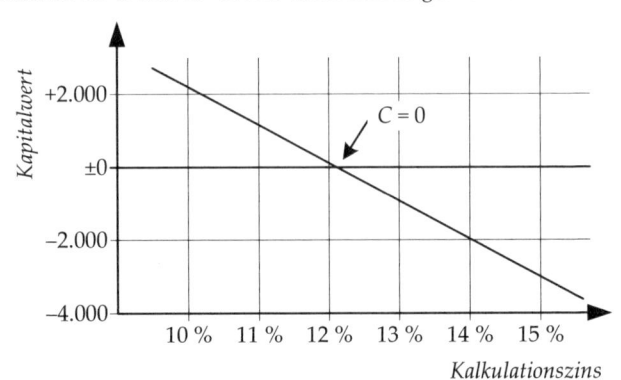

Abbildung 4.1: Verlauf des Barwertes bei verschiedenen Kalkulationszinssätzen

Der »wirkliche« (effektive, interne) Zins des Leasingvertrages ist an dem Punkt erreicht, an dem der Kapitalwert genau C = 0 erreicht. Leider kann man aber F 4.15 nicht einfach nach *i* umstellen, weil *i* hinter dem Summenzeichen steht. Hierfür gibt es die Näherungsformel:

$$i_{eff} = i_1 - C_1 \times \frac{i_2 - i_1}{C_2 - C_1} \qquad\qquad \text{F 4.17}$$

Die Vorgehensweise hierbei ist:

1. Wahl zweier beliebiger Kalkulationszinsfüße i_1 und i_2 und Berechnung der zugehörigen Kapitalwerte C_1 und C_2.
2. Hierbei sollte gelten

$C_1 < 0 < C_2$ $\qquad\qquad\qquad\qquad\qquad\qquad$ F 4.18
oder

$C_2 < 0 < C_1$ $\qquad\qquad\qquad\qquad\qquad\qquad$ F 4.19

3. Näherung berechnen

Im Beispiel kommt man hier auf i_{eff} = 12,1326 %. Rechnet man den Vertrag erneut mit diesem Zins, so müßte man genau auf null kommen:

t	$(E_t - A_t)$	$(E_t - A_t) \times (1+i)^{-t}$
0	−60.000,00 €	−60.000,00 €
1	25.000,00 €	22.295,03 €
2	25.000,00 €	19.882,74 €
3	25.000,00 €	17.731,45 €
Summe (Kapitalwert):		$C = -90{,}77$ €

Diese Differenz ist die Rundungsdifferenz, die bei der Berechnung der Näherungsformel besteht. Der Rundungsfehler steigt bei größerem Betrag der beiden Kapitalwerte, also mit größerer Entfernung vom wahren Ergebnis, weil die in der vorstehenden Skizze eingezeichnete Kapitalwertlinie eigentlich keine Linie, sondern eine Kurve ist.

Geht es um Millionenbeträge, so ist auch die Rundungsdifferenz erheblich. Zudem muß der Buchhalter den Zins- und Tilgungsanteil präzise buchen; die Rundungsdifferenz würde aber als Buchungsfehler stehenbleiben. Wie also kann man das exakte Ergebnis ermitteln?

Da man F 4.11 nicht nach i umstellen kann, bleibt nur, so lange verschiedene Werte für i einzusetzen, bis man $C = 0$ erreicht. Diese »Methode des Ausprobierens« wäre manuell natürlich zu mühsam; Tabellenkalkulationsprogramme (und selbst manche programmierbaren Taschenrechner) verfügen aber inzwischen über die nützliche Funktion der »Zielwertsuche«, die genau dieses mühselige »Ausprobieren« dem An-

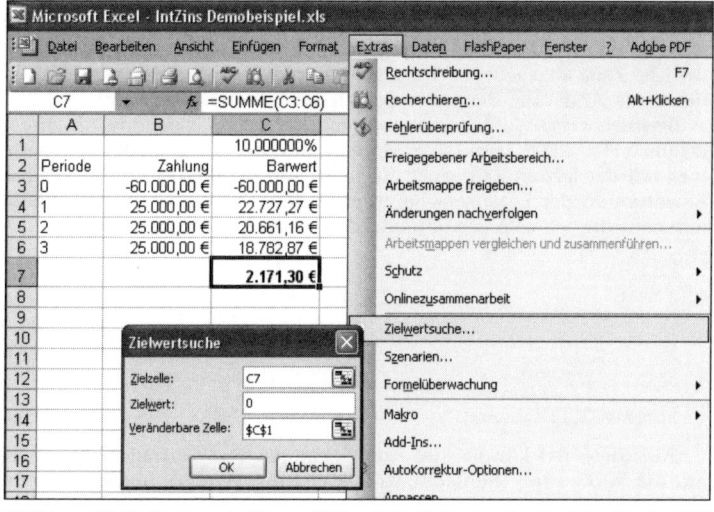

Abbildung 4.2: So führt man in Microsoft® Excel® die Zielwertsuche durch (ab Version 97)[1]

[1] Nachdruck des Screenshots mit freundlicher Erlaubnis der Microsoft Corporation. »Excel« ist ein eingetragenes Markenzeichen der Microsoft Corporation.

wender in genügend hoher Geschwindigkeit abnimmt. Hierzu muß der Anwender für jeden einzelnen Zahlungsvorgang die Barwertformel F 4.2 (oder bei mehreren Zinsterminen pro Jahr F 4.4) hinterlegen und die Summe bilden. Der Kalkulationszinssatz muß als Variable hinterlegt werden.

In Microsoft® Excel® ruft man über Extras → Zielwertsuche die Funktion auf und muß nur angeben, welche Zelle sich ändern soll (im Beispiel C1) und welchen Zielwert (null) man in der Zielzelle (C7) erreichen will. Das exakte Ergebnis ist hier $i_{\it{eff}}$ = 12,044398 %. Rechnet man den Vertrag erneut mit diesem Zins, so kommt man tatsächlich genau auf null:

t	$(E_t - A_t)$	$(E_t - A_t) \times (1+i)^{-t}$
0	−60.000,00 €	−60.000,00 €
1	25.000,00 €	22.312,58 €
2	25.000,00 €	19.914,06 €
3	25.000,00 €	17.773,36 €
Summe (Kapitalwert):		C = ±0,00 €

Da es etwas mühsam ist, das nach jeder Änderung der Ausgangsdaten erneut manuell zu machen, ist es meist sinnvoll, den Vorgang mit einem VisualBASIC®-Makro zu automatisieren. Der VBA-Befehl für die Zielwertsuche ist im vorstehenden Beispiel

```
Range("C7").GoalSeek Goal:=0, ChangingCell:=Range("C1")
```

»GoalSeek« ist hierbei die auf Zelle C7 angewandte Methode. Mit »Goal:=0« wird der Zielwert (null) und mit »ChangingCell« die veränderliche Zelle angegeben. Wird das Makro über ein Ereignis ausgelöst, so führt jede Änderung der Daten sogleich zu einer Neuberechnung.

Beispielsweise werde zusammen mit der ersten Rate eine Abschlußgebühr i.H.v. 1.000 Euro fällig. Zudem muß der Leasingnehmer zusammen mit der letzten Rate einen Restwert von 5.000 Euro zahlen, um das Eigentum an der Leasingsache zu erwerben. Die Zielwertsuche erlaubt nunmehr die schnelle Bestimmung des neuen $i_{\it{eff}}$ = 16,210995 %:

t	$(E_t - A_t)$	$(E_t - A_t) \times (1+i)^{-t}$
0	−60.000,00 €	−60.000,00 €
1	26.000,00 €	22.373,10 €
2	25.000,00 €	18.511,67 €
3	30.000,00 €	19.115,23 €
Summe (Kapitalwert):		C = ±0,00 €

Auf diese Art können die Auswirkungen von Vertragsänderungen auf die Verzinsung (Rentabilität) des Leasingvertrages untersucht werden.

Der Leasingnehmer vergleicht die Verzinsung des Leasingvertrages i.d.R. mit der eines Darlehens (und ist oft verwundert zu finden, daß sehr viele Leasingverträge Verzinsungen weit über dem Zins von Girokonten aufweisen, was er freilich vom freundlichen Vertreter der Leasingfirma nicht erfahren hat). Die Leasingfirma hingegen vergleicht die Rentabilität des Leasingvertrages im Sinne von F 4.11 mit der Mindestrentabilität (R_{min}) des Unternehmens, um festzustellen, ob sich die jeweilige Verzinsung »lohnt«.

Manche finden diese Rechenmethode zu kompliziert, obwohl sie optimale Ergebnisse findet. Für diese Fälle ist die sogenannte »Zinsstaffelmethode« angemessen. Diese ist ebenfalls eine Näherungsmethode, kommt aber ganz ohne Zinseszinsrechnung aus und ist daher einfach zu berechnen. Praktisch wird dieses Verfahren kaum noch eingesetzt, aber es geistert immer noch durch Prüfungen.

Die Zinsstaffelmethode berechnet den Zinsanteil jedes Jahres stattdessen mit der Formel

$$Zinsanteil_t = \frac{\sum_{i=1}^{n} Zinsanteil_t}{\sum_{i=1}^{n} Jahreszahlen} \times (Anzahl\ Restraten_t + 1)$$ F 4.20

Die Summe der Zins- und Kostenanteile aller Raten beträgt in unserem Beispiel 15.000 Euro (Differenz aus dem Anlagewert und der Summe aller Zahlungen). Die Summe der Jahreszahlen beträgt 1 + 2 + 3 = 6. Das ergäbe für unseren Beispielfall (in seiner Version ohne Gebühr und ohne Restwert) die folgende Annuitätentabelle:

t	Zinsen	Tilgung	Summe	Restwert
0				60.000,00 €
1	7.500,00 €	17.500,00 €	25.000,00 €	42.500,00 €
2	5.000,00 €	20.000,00 €	25.000,00 €	22.500,00 €
3	2.500,00 €	22.500,00 €	25.000,00 €	0,00 €
Σ	15.000,00 €	60.000,00 €	75.000,00 €	

Diese Tabelle zeigt das gleiche Verhalten wie die obenstehende »exakte« Berechnung, d.h., der Anteil der Tilgung nimmt zu und der Anteil der Zinsen nimmt ab. Obwohl die einzelnen Jahreswerte von der exakten Berechnung mit dem internen (effektiven) Zins abweichen, ist die Rechnung in der Summe auf den Cent exakt und daher für die Buchung geeignet.

Allerdings hat das Zinsstaffelverfahren einen gravierenden Nachteil: bei hohen Zinsen oder langen Laufzeiten produziert es unbrauchbare Ergebnisse. Hierzu betrachten wir ein neues Beispiel: Die vorstehend betrachtete Anlage im Wert von 60.000 Euro wird nunmehr für 20 Jahre verleast. Die Leasingzahlungen betragen 8.000 Euro pro Jahr. Nach der Methode des internen Zinsfußes ergibt das eine interne (effektive) Verzinsung von i_{eff} = 11,93496 %, die problemlos zu buchen wäre.

Da hier über 20 Jahre 8.000 × 20 = 160.000 Euro gezahlt werden, der Anlagewert aber nach wie vor 60.000 Euro beträgt, ist die Summe der Zinsanteile 160.000 − 60.000 = 100.000 Euro. Die Summe der Zahlenreihe ist 1 + 2 + 3 + 4 + 5 + 6 + 7 + 8 + 9 + 10 + 11 + 12 + 13 + 14 + 15 + 16 + 17 + 18 + 19 + 20 = 210. Als erster Zinsanteil ergibt sich also aus F 4.15:

$$Zinsanteil_1 = \frac{100.000}{210} \times (19+1) = 9.523{,}81$$ F 4.21

Die erste Zahlung beträgt aber nur 8.000 Euro. Der darin enthaltene Tilgungsanteil ist also 8.000 − 9.523,81 = −1.523,81 Euro. Es ist offensichtlich, daß dies kein brauchbares Ergebnis ist.

4.3. Exkurs: Aufgabengestaltung aus einer Prüfung

Aufgaben zur Effektivzinsrechnung sind in Prüfungen häufig. Dieser häufig beobachtete Aufgabentyp versteckt einige Härten:

> *Aufgabe*: Zur Finanzierung einer maschinellen Anlage im Anschaffungswert von 50.000 Euro plant ein Unternehmen eine Kreditaufnahme. Insbesondere wird eine Finanzierungsform gesucht, die zu Anfang tilgungsfrei ist, weil zunächst ein neues Produkt am Markt eingeführt werden soll. Die Bank schlägt vor, den Kredit als Fälligkeitsdarlehen auszugestalten. Insbesondere sollen fünf Jahre nach 100%iger Auszahlung der Summe der Kredit und die Summe aller Zinsen durch eine einzige Zahlung i.H.v. 75.000 Euro getilgt werden. Wir hoch ist die *exakte* Effektivverzinsung *ohne* Verwendung einer Näherungsrechnung?

Eine exakte Lösung ist aber auch ohne Zielwertsuche und ohne Computer mit einfachen Mitteln ausschließlich über die Potenzfunktion des Taschenrechners möglich. Hierzu ist zunächst zu bedenken, daß beim Effektivzins der Barwert null ist. Es muß also gelten:

t	$(E_t - A_t)$	$(E_t - A_t) \times (1+i)^{-t}$
0	−50.000,00 €	−50.000,00 €
5	75.000,00 €	50.000,00 €
Summe (Kapitalwert):		C = ±0,00 €

Wie hoch ist aber der hier zugrunde gelegte Zins? Wir vergegenwärtigen uns zunächst noch mal, daß ja keine Näherungsmethode angewandt werden soll, und dies auch gar nicht möglich wäre, weil der Verlauf der Barwertkurve nichtlinear ist. Wie kann man also diese Aufgabe dennoch lösen? Hier scheitert, wer es nicht bis auf den Grund verstanden hat, und das dürfte das Ziel der Übung sein.

Hier fällt aber auf, daß insgesamt nur zwei Zahlungen bestehen. Man kann daher die allgemeine Kapitalwertformel doch umstellen:

$$C = -A_0 + E_n \times (1+i)^{-n} = -A_0 + \frac{E_n}{(1+i)^n}$$ F 4.22

Da hier aber gilt

$$C = -A_0 + E_n \times (1+i)^{-n} = -A_0 + \frac{E_n}{(1+i)^n} = 0$$ F 4.23

kann man auch sagen:

$$A_0 = \frac{E_n}{(1+i)^n}$$ F 4.24

Also gilt:

$$A_0 \times (1+i)^n = E_n$$ F 4.25

Das aber heißt:

$$(1+i)^n = \frac{E_n}{A_0}$$ F 4.26

Daher kann man aber auch sagen:

$$(1+i) = \sqrt[n]{\frac{E_n}{A_0}}$$ F 4.27

Und nunmehr kann man i explizit berechnen:

$$i = \sqrt[n]{\frac{E_n}{A_0}} - 1$$ F 4.28

Wer jetzt keinen Taschenrechner mit der n-ten Wurzel besitzt, muß noch seine Schulmathematik parat haben und also wissen, daß die fünfte Wurzel auch berechnet werden kann, indem man die Potenz zu einem Fünftel berechnet. Im vorliegenden Fall bedeutet dies:

$$i = \sqrt[5]{\frac{75.000}{50.000}} - 1 = 0{,}084471771 = 8{,}4471771\%$$ F 4.29

Exkurs: Aufgabengestaltung aus einer Prüfung

Wendet man diesen Zins auf die 75.000 Euro Rückzahlung an, so erhält man genau die oben skizzierte Barwerttabelle. Dividiert man die 75.000 Euro Rückzahlung durch 1,0884471771, so erhält man genau die bekannten 50.000 Euro.

Diese Methode gilt nur für den Fall des Fälligkeitsdarlehens mit einer einzigen Rückzahlung, ist also eigentlich wenig realistisch: wo gibt es schon Fälligkeitsdarlehen ohne Zinszahlungen während der Laufzeit? Aber ist das vor einer Prüfung die richtige Frage? Zero-Bonds zeigen allerdings eine dem hier angenommenen Verhalten ähnliche Zahlungsreihe und können unter Umständen auf diese Art berechnet werden; auch hier ist der praktische Nutzen der Rechenmethode jedoch gering. Aber ob das auch die Prüfungslyriker wissen? Die Aufgabe ist geradezu ein Lehrbuchbeispiel für meine Dauerpredigt, man dürfe nicht auswendig lernen (und solle möglichst nicht mal mitschreiben), sondern müsse die den Dingen zugrundeliegenden Strukturen erkennen und verinnerlichen: wer die ihm präsentierten Standardmethoden schematisch auswendig lernt, scheitert mit Sicherheit an dieser Knallschote, denn hier ist ein unkonventioneller Lösungsweg erforderlich, der sich nur erschließt, wenn man das der Effektivzinsrechnung zugrundeliegende Verfahren wirklich verstanden hat!

4.4. Effektivzinsberechnung bei Krediten

Grundsätzlich gleicht die Effektivzinsrechnung bei Krediten der bei Leasingverträgen. Allerdings verlangt die Preisangabeverordnung in ihrer seit dem 1. September 2000 verbindlichen Fassung die Anwendung der internen Zinsfußmethode aufgrund einer besonderen Formel:

$$\sum_{K=1}^{K=m} \frac{A_K}{(1+i)^t \times K} = \sum_{K'=1}^{K'=m'} \frac{A'_K}{(1+i)^{t'} \times K'}$$ F 4.30

Die Formel drückt die Gleichheit zwischen Darlehen einerseits und Tilgungszahlungen und Kosten andererseits aus.

Die vom Kreditgeber und Kreditnehmer zu unterschiedlichen Zeitpunkten gezahlten Beträge sind nicht notwendigerweise gleich groß und werden nicht notwendigerweise in gleichen Zeitabständen entrichtet.

Anfangszeitpunkt ist der Tag der ersten Darlehensauszahlung.

Die Spannen t_K und $t'_{K'}$ werden in Jahren oder Jahresbruchteilen ausgedrückt. Zugrunde gelegt werden für das Jahr 365 Tage, 52 Wochen oder 12 gleich lange Monate (vgl. oben), wobei für letztere eine Länge von 365/12 = 30,41666666 Tagen angenommen wird.

Der Prozentsatz ist auf zwei Dezimalstellen genau anzugeben. Bei der Rundung ist kaufmännisch vorzugehen, d.h., wenn die dritte Dezimalstelle eine 5 oder größer ist, ist aufzurunden, sonst muß abgerundet werden.

Bemerkenswert ist hierbei, daß der effektive Jahreszins nicht selbst vorgeschrieben wird, also wie zuvor mit etwa der internen Zinsfußmethode oder der Zielwertsuche (»schrittweise Annäherung«) ermittelt werden darf. Lediglich die Summe der Aus- und die Summe der Einzahlungen muß gleich sein. Damit wird indirekt verboten, Kosten in Nebenbestimmungen zum Kredit zu »verstecken«.

Ist der Nominalzins i_{nom} bereits bekannt, so kann man den Effektivzins bei Krediten mit Disagio (Abgeld) und bei anfänglicher tilgungsfreier Zeit auf einfache Weise bestimmen.

Effektivzins bei endfälliger Tilgung:

$$i_{eff} = \frac{i_{nom} + \dfrac{D}{n}}{K_A} \qquad \text{F 4.31}$$

Effektivzins bei Tilgung in gleichen Raten (also bei Annuitätendarlehen):

$$i_{eff} = \frac{i_{nom} + \dfrac{D}{\left(\dfrac{n+1}{2}\right)}}{K_A} \qquad \text{F 4.32}$$

Effektivzins bei Annuitätendarlehen mit anfänglicher tilgungsfreier Zeit:

$$i_{eff} = \frac{i_{nom} + \dfrac{D}{t_f + \dfrac{(n-t_f)+1}{2}}}{K_A} \qquad \text{F 4.33}$$

4.5. Annuitätenrechnung

Als »Kapitaldienst« bezeichnet man die Summe aus Zinsen und Tilgungen, die ein Schuldner einem Kapitalgeber zahlt. Die Gesamtheit aller (regelmäßig fälligen) Zahlungen heißt auch Rente. Ist die zu einem Fälligkeitstermin geschuldete Summe stets gleich, so spricht man von einer Annuität. Leasingverträge führen i.d.R. zu Renten, die zugleich auch

Annuitäten sind. Während man bei der Leasingzinsberechnung die Höhe der Annuität schon kennt und den Zins wissen möchte, vermittelt die Annuitätenrechnung die Höhe der Gesamtzahlung (Annuität) zu einem bekannten Zins aus

$$a = C \times \frac{i \times (1+i)^n}{(1+i)^n - 1}$$ F 4.34

oder

$$a = C \times \frac{i}{1 - (1+i)^{-n}}$$ F 4.35

Beispiel: Ein Darlehen i.H.v. 60.000 Euro soll zu einem Zins von 8 % p.a. über eine Laufzeit von sechs Jahren als Annuitätendarlehen getilgt werden. Die Annuität beträgt 12.978,92 Euro. Wie wäre zu buchen?

t	Tilgung	Zinsen	Kapitaldienst	Restschuld
0				60.000,00 €
1	8.178,92 €	4.800,00 €	12.978,92 €	51.821,08 €
2	8.833,24 €	4.145,69 €	12.978,92 €	42.987,84 €
3	9.539,90 €	3.439,03 €	12.978,92 €	33.447,94 €
4	10.303,09 €	2.675,84 €	12.978,92 €	23.144,86 €
5	11.127,33 €	1.851,59 €	12.978,92 €	12.017,52 €
6	12.017,52 €	961,40 €	12.978,92 €	0,00 €
Σ	60.000,00 €	17.873,54 €	77.873,54 €	

Berechnet man aus dieser Zahlungsreihe die interne Verzinsung, so kommt diese wieder genau auf 8 % p.a. Die Tilgungstabelle hat aber den Zweck, die separate Buchung der Tilgungen und der Zinsen zu ermöglichen. Sie ist also das gleichsam der internen Zinsfußrechnung »entgegengesetzte« Verfahren.

Anstatt eine Annuitätenvereinbarung zu machen, kann auch vereinbart werden, daß die Tilgung des Darlehens in gleichen Schritten zu erfolgen habe. Die Höhe der Zinsen nimmt dann wie beim Annuitätendarlehen ab, aber die Tilgungen nehmen nicht zu, so daß der Kapitaldienst insgesamt zurückgeht. Man erhält dann ein sogenanntes Abzahlungsdarlehen:

t	Tilgung	Zinsen	Kapitaldienst	Restschuld
0				60.000,00 €
1	10.000,00 €	4.800,00 €	14.800,00 €	50.000,00 €
2	10.000,00 €	4.000,00 €	14.000,00 €	40.000,00 €
3	10.000,00 €	3.200,00 €	13.200,00 €	30.000,00 €
4	10.000,00 €	2.400,00 €	12.400,00 €	20.000,00 €

5	10.000,00 €	1.600,00 €	11.600,00 €	10.000,00 €
6	10.000,00 €	800,00 €	10.800,00 €	0,00 €
Σ	60.000,00 €	16.800,00 €	76.800,00 €	

Während beim Annuitätendarlehen die Summe aller Kapitaldienstzahlungen 77.873,54 Euro beträgt, ist sie beim Abzahlungsdarlehen mit nur 76.800,00 Euro um 1.073,54 Euro geringer. Trotzdem ist die interne Verzinsung beider Darlehensarten genau 8 % p.a. Grund hierfür ist die anfänglich höhere Kapitaldienstsumme beim Abzahlungsdarlehen. Das Annuitätendarlehen ist im Konsumentengeschäft der Regelfall, Abzahlungsdarlehen sind sehr selten. Das dürfte kaum ein Zufall sein.

Soll eine Annuitätenvereinbarung mit mehreren Zins- und Zahlungsterminen pro Jahr geschlossen werden, so gilt

$$a = C \times \frac{\frac{i}{m} \times (1+\frac{i}{m})^{nm}}{(1+\frac{i}{m})^{nm} - 1}$$ F 4.36

oder

$$a = C \times \frac{\frac{i}{m}}{1 - (1+\frac{i}{m})^{-nm}}$$ F 4.37

Das führt natürlich zu einer Senkung (!) der Summe aller Kapitaldienste bei unverändertem (!) Effektivzins. Soll beispielsweise unsere Beispielsumme von 60.000 Euro über die sechs Jahre der vorstehenden Beispielrechnung in vierteljährlichen Zahlungen als Annuitätendarlehen getilgt werden, so beträgt die Annuität 3.172,27 Euro pro Quartal, was 12.689,06 Euro pro Jahr oder eine Summe aller Annuitäten i.H.v. 76.134,38 Euro ausmacht. Da in diesem Fall die erste Tilgung ja schon nach drei Monaten (anstatt nach einem Jahr) geleistet wird, ist die Gesamtsumme der Kapitaldienstzahlungen etwas niedriger. Soll aber die Summe von 60.000 Euro aus dem Beispiel in 72 Monatsraten getilgt werden, so beträgt eine monatliche Annuität nur noch 1.051,99 Euro, was einer Zahlungssumme pro Quartal von 3.155,98 Euro oder einer jährlichen Summe von 12.623,93 Euro oder einer Gesamtsumme i.H.v. 75.743,60 Euro entspricht. Dieser Unterschied wird oft in Form von Rabatten an Kunden weitergegeben.

4.6. Rentenrechnung

Allgemeine Definition: Eine Rente ist eine Folge von Zahlungen. Leasingverträge oder Darlehen führen daher zu Renten. Festverzinsliche Wertpapiere wie Obligationen und Anleihen, die ihren Inhabern eine Zahlungsreihe aus regelmäßigen Zinserträgen verschaffen, heißen daher auch Rentenpapiere.

Die Rente kann einen Bar-, Zeit- oder Endwert haben, was insbesondere für den bilanziellen Ausweis der Rentenverpflichtungen des Arbeitgebers seinen Arbeitnehmern oder der des Versicherers seinen Versicherten gegenüber von Bedeutung ist.

Rentenendwert: Ist der Zeitabstand jeweils ein Jahr und die Rente am Ende jeden Jahres (»nachschüssig«) fällig, so ergibt sich der Wert R_n der Rente r am Ende ihrer Laufzeit n zu:

$$R_n = \begin{Bmatrix} r\times(1+i)^n + r\times(1+i)^{n-1} + r\times(1+i)^{n-2} + \ldots + r\times(1+i) + r \\ r\times(1+(1+i)+(1+i)^2+\ldots+(1+i)^{n-2}+(1+i)^{n-1}+(1+i)^n \end{Bmatrix}$$

F 4.38

Der Ausdruck in der Klammer stellt eine geometrische Reihe mit dem Anfangsglied 1 und dem Quotienten (1+i) dar, so daß der Wert S_n dieses Ausdruckes sich ergibt aus:

$$S_n = \frac{(1+i)^n - 1}{i}$$

F 4.39

Dieser Faktor ist sowohl ein Bar- als auch ein Endwertfaktor. Der dabei im deutschen Steuerrecht zugrunde zu legende Zins ist 6 % (§ 6a Abs. 3 EStG und R 41 Abs. 14 EStR). Die IFRS verlangen keine starre Zinsannahme, sondern einen flexiblen Zins.

Beispiel: Eine Rente soll 4.000 Euro p.a. betragen. Soll diese Leistung nur einmal gewährt werden, so ist S_n = 1. Soll die Leistung zweimal gewährt werden, so gilt S_n = 2,06. Bei drei Zahlungsterminen im Abstand von je einem Jahr ist S_n = 3,1836 und bei zehn künftigen Zahlungsterminen wäre S_n = 13,18079494. Der Rentenfaktor ist damit das Kernstück der bilanziellen Bewertung von Renten.

Die Endwert der Rente r ist daher aus S_n zu berechnen:

$$R_n = r \times S_n = r \times \frac{(1+i)^n - 1}{i}$$

F 4.40

Beispiel: Unsere Rente i.H.v. 4.000 Euro pro Jahr kann mit folgenden Endwerten bewertet werden:

Anzahl Zahlungen	S_n	R_n
1	1	4.000,00 €
2	2,06	8.240,00 €
3	3,1836	12.734,40 €
10	13,18079494	52.723,18 €

Der Barwert der Rente zu Beginn ihrer Laufzeit ist viel interessanter, denn dies ist die Grundlage der bilanziellen Bewertung:

$$R_0 = R_n \times (1+i)^{-n} = r \times \frac{(1+i)^n - 1}{(1+i)^n \times i}$$ F 4.41

Beispiel: Die 4.000 Euro sollen einmalig in einem Jahr gezahlt werden. Sie wären bilanziell mit 3.773,58 Euro zu bewerten. Sollen zweimal 4.000 Euro geleistet werden, so wäre deren Endwert zwar 8.240,00 Euro, aber die bilanzielle Bewertung betrüge nur 7.333,56 Euro. Bei drei künftigen Zahlungen wäre mit 10.692,05 Euro zu bewerten und bei zehn künftigen Zahlungen mit 29.440,35 Euro.

Entsprechend läßt sich auch der Zeitwert R_t zu einem beliebigen Zeitpunkt t, der Rentenzeitwert, ermitteln:

$$R_t = r \times \frac{(1+i)^n - 1}{(1+i)^{n-t} \times i}$$ F 4.42

Dieser Wert liegt natürlich stets zwischen R_0 und R_n.

Ewige Rente: Bei vielen Arten von Rente ist jedoch ein Ende nicht zeitlich bestimmt. So eine Art von Rente nennt man auch eine ewige Rente. Wegen der Unbestimmtheit ihres Endes ist ihr kein Endwert zuzuordnen. Es ist jedoch ein Barwert zu ermitteln, indem man R_0 mit dem Kehrwert von $(1+i)^n$ erweitert:

$$R_0 = r \times \frac{1 - \frac{1}{(1+i)^n}}{i}$$ F 4.43

Wegen

$$\lim_{n \to \infty} \frac{1}{(1+i)^n} = 0$$ F 4.44

ergibt sich

$$\lim_{n \to \infty} R_0 = r \times \frac{1}{i} = \frac{r}{i}$$ F 4.45

Beispiel: Sollen die 4.000 Euro zum Kalkulationszinsfuß von 6 % »ewig« geleistet werden, so wäre diese Rentenschuld mit 66.666,67 Euro zu bilanzieren. Dies ist in der Praxis aber selten, da i.d.R. Sterbetafeln und andere demographische Daten benutzt werden sollen.

Sind die Zahlungen einer Rente zu Beginn eines jeden Jahres fällig, so wird der Endwert dieser vorschüssigen Rente zu:

$$R_{vn} = r \times (1+i) \times \frac{(1+i)^n - 1}{i} = R_n \times (1+i) \qquad \text{F 4.46}$$

Sollen die Rentenzahlungen monatlich oder vierteljährlich anstatt jahresweise erfolgen, so ist die Zinsangabe *i* und die Anzahl der Rechnungsperioden *n* jeweils um die Zahl der Zinstermine *m* zu erweitern. Als Muster dienen die Formeln F 4.3 und F 4.4. Aus

$$S_n = \frac{(1+i)^n - 1}{i} \qquad \text{F 4.39}$$

würde beispielsweise

$$S_n = \frac{(1+\frac{i}{m})^{nm} - 1}{\frac{i}{m}} \qquad \text{F 4.47}$$

werden. Bei der Rentenrechnung nach IAS 19 und IAS 26 sind vorhersehbare Trends zu berücksichtigen.

Beispiel: Ein Arbeitnehmer erhält ein Gehalt von 2.000 Euro pro Monat, also 24.000 Euro pro Jahr. Pro Dienstjahr verdient der Arbeitnehmer einen Pensionsanspruch in Höhe von 10 % seines Jahresgehaltes. Jedes Jahr wird ein neuer Tarifvertrag abgeschlossen. Der Gehaltstrend sei eine jährliche Gehaltserhöhung von 4 %. Für die nächsten acht Jahre sähen damit der Gehaltstrend und die entsprechenden Einstellungen in die Pensionsrückstellung entsprechend aus:

Jahr	Gehalt	Einstellung
1	24.000,00 €	2.400,00 €
2	24.960,00 €	2.496,00 €
3	25.958,40 €	2.595,84 €
4	26.996,74 €	2.699,67 €
5	28.076,61 €	2.807,66 €
6	29.199,67 €	2.919,97 €
7	30.367,66 €	3.036,77 €
8	31.582,36 €	3.158,24 €

Bei Lebens- und Rentenversicherungen, aber genauso bei der gesetzlichen Zwangskasse kann es interessant sein zu erfahren, wie hoch die tatsächliche Verzinsung der Einzahlungen ist. Dies läßt sich durch interne Zinsfußrechnung herausfinden. Anders als bei der Leasingzinsberechnung ist die Einmalauszahlung aber am Ende (und nicht am Anfang).

Beispiel: Ein Versicherungsnehmer zahlt zwölf Jahre jeweils zu Beginn des Jahres einen Jahresbeitrag i.H.v. 3.000 Euro und erhält nach Ablauf des zwölften Jahres eine Einmalleistung i.H.v. 50.000 Euro. Der Kapitalwert erreicht bei einer nur durch Zielwertsuche genau zu bestimmenden Effektivverzinsung von i_{eff} = 4,9588274% den Wert C = 0:

t	Beitrag	R_n
0	3.000,00 €	5.362,27 €
1	3.000,00 €	5.108,93 €
2	3.000,00 €	4.867,56 €
3	3.000,00 €	4.637,59 €
4	3.000,00 €	4.418,48 €
5	3.000,00 €	4.209,73 €
6	3.000,00 €	4.010,84 €
7	3.000,00 €	3.821,34 €
8	3.000,00 €	3.640,80 €
9	3.000,00 €	3.468,79 €
10	3.000,00 €	3.304,91 €
11	3.000,00 €	3.148,76 €
12	–50.000,00 €	–50.000,00 €
Summe (Kapitalwert):		C = ±0,00 €

Aus Sicht des Versicherten ist hier jedoch kein Vergleich mit der Mindestrentabilität $R_{\min}$ sinnvoll, sondern in der Zeit bis 2004 einer mit dem Grenzsteuersatz, da bis zu einer bestimmten Höhe eingezahlte Altersvorsorgebeiträge für bis 2004 geschlossene Verträge stets steuerfrei sind – auch über 2004 hinaus (Fortwirkung). Hier wäre aber selbst eine Nullverzinsung besser als ein Steuerabzug!

4.7. Rentenbesteuerung

Bei einer Altersrente oder betrieblichen Rentenversorgung besteht die Fiktion des Steuerrechts (§ 22 Nr. 1 Satz 3 Buchstabe a EStG) eines Zins- und eines Tilgungsanteiles. Nur der Zinsanteil wird als Ertrag aus Kapitalvermögen besteuert, während der Tilgungsanteil der Rentenzahlung eine unterstellte Rückzahlung einer früheren Einzahlung ist und damit nicht besteuert wird. Die bisherige Fiktion sah vor, daß der Ertrags-

Gesamtübersicht zur Rentenbesteuerung

Rente aus der gesetzlichen Zwangsrentenversicherung

Bis 31.12.2004 (u.U. jahrzehntelange Fortwirkung!)	Regelungen ab 01.01.2005
Besteuerung als »Sonstige Einkünfte«: Besteuerung des Ertragsanteils abhängig vom Lebensalter im Zeitpunkt des Rentenbeginns, z.B. mit 60 Jahren 32 % oder mit 65 Jahren 27 % der Rente. Zudem Werbungskostenpauschbetrag 102 Euro.	Besteuerung als »Sonstige Einkünfte«: Volle Besteuerung der gesamten Rente nach Abzug des persönlichen Freibetrages, abhängig vom Kalenderjahr und der Rentenhöhe im Zeitpunkt des Rentenbeginns; unabhängig vom Alter. Der persönliche Freibetrag wird errechnet bei: Bestandsrentnern: 50 % der Rente in 2005, bei Neurentnern: je nach Rentenbeginn zwischen 50 % (in 2005) und 100 % (in 2025).

Rente aufgrund Pensionszusage, aus Unterstützungskasse sowie Beamtenpensionen

Bis 31.12.2004 (u.U. jahrzehntelange Fortwirkung!)	Regelungen ab 01.01.2005
Besteuerung als »Einkünfte aus nichtselbständiger Arbeit«: Abzug des Arbeitnehmerpauschbetrages von 920 Euro, falls Bezug nach Vollendung des 63. Lebensjahres oder wegen Erwerbs- oder Berufsunfähigkeit: Abzug des Versorgungsfreibetrages von 40 % der Einnahmen, maximal 3.072 Euro.	Weiterhin Besteuerung als »Einkünfte aus nichtselbständiger Arbeit«; der Arbeitnehmerpauschbetrag entfällt jedoch. Bestandsfälle und Pensionäre ab 2005, sofern Pensionsbezug nach Vollendung des 63. Lebensjahres oder wegen Berufs- oder Erwerbsunfähigkeit: Abzug des Versorgungsfreibetrages von 40 % der Einnahmen, maximal 3.000 Euri. Abzug Werbungskostenpauschbetrag 102 Euro, sofern nicht schon bei Renten berücksichtigt. Diese Beträge gelten lebenslänglich. Für neu hinzukommende Jahrgänge vermindern sich alle genannten Beträge je Jahr um 4 %.

Betriebsrente aus Pensionskasse oder Direktversicherung sowie Zusatzrenten des öffentlichen Dienstes

Bis 31.12.2004 (u.U. jahrzehntelange Fortwirkung!)	Regelungen ab 01.01.2005
wie Rente aus gesetzlicher Zwangsrentenversicherung	Besteuerung als »Sonstige Einkünfte«: Besteuerung nur des Ertragsanteils, der sich nach dem Alter bei Rentenbeginn richtet (wie bisher). Die Ertragsanteile sind aber niedriger als bisher, z.B. mit 60

	Jahren 22 % oder mit 65 Jahren 18 %. Werden die Pensionsansprüche oder die Direktversicherung in einer Summe ausbezahlt, so ist die Auszahlung in vollem Umfang steuerfrei, aber die Zwangskranken- und Zwangspflegeversicherung wird mit Arbeitgeber- und Arbeitnehmeranteil in voller Höhe (!) abgezogen.
Private Lebens- oder Rentenversicherung	
Bis 31.12.2004 (u.U. jahrzehntelange Fortwirkung!)	Regelungen ab 01.01.2005
wie Rente aus gesetzlicher Zwangsrentenversicherung	wie Betriebsrente (vorstehend)
Kapitallebensversicherung	
Bis 31.12.2004 (u.U. jahrzehntelange Fortwirkung!)	Regelungen ab 01.01.2005
steuerfrei, wenn die Laufzeit der Ansparphase zwölf Jahre übersteigt.	Verträge, die ab 2005 abgeschlossen werden und bis zum 60. Lebensjahr, mindestens jedoch zwölf Jahre laufen, werden mit 50 % des Ertragsanteiles besteuert.
Beiträge zur Riester-Rente	
Bis 31.12.2004 (u.U. jahrzehntelange Fortwirkung!)	Regelungen ab 01.01.2005
steuerfrei, ggfs. Zulage	steuerfrei, ggfs. Zulage

Tabelle 4.1: Gesamtübersicht zur Rentenbesteuerung

Die steigende Besteuerung von Renten sowie die ab 2005 in Kraft getretenen Regelungen zur Kontenüberwachung und zentralen Erfassung von Rentenversicherungsverträgen und entsprechenden Auszahlungen machen die private Vorsorge aus Sicht der Versicherten immer uninteressanter. Hinzu kommen die hohen Zwangsbeiträge der Arbeitnehmer an gesetzliche Versicherungen, in die inzwischen jegliches Vertrauen geschwunden ist. Standards wie IAS 19 und IAS 26 haben daher in Deutschland kaum eine Bedeutung. Man kann von einer tendenziellen Unterversorgung der Deutschen ausgehen, denen vielfach Altersarmut droht.

anteil vom Eintrittsalter des Rentners abhängt und dann lebenslang gleich bleibt, was den Verhältnissen bei einer kapitalgedeckten Rente entsprechen würde, wo – je früher die Rente beginnt, also desto kürzer die Einzahlung dauert – desto höher auch der Ertragsanteil sein muß. Diese grundsätzliche Methode soll in den kommenden Jahrzehnten grundsätzlich verändert werden.

Durch das »Gesetz zur Neuordnung der einkommensteuerrechtlichen Behandlung von Altersvorsorgeaufwendungen und Altersbezügen«, das sogenannte Alterseinkünftegesetz (AltEinkG), wird nunmehr langsam auf die sogenannte nachgelagerte Besteuerung der Renten umgestiegen. Dies bedeutet, daß

- Rentenversicherungsbeiträge stufenweise bis 2025 steuerfrei gestellt werden,
- hingegen aber der Ertragsanteil stufenweise bis 2040 auf 100 % ansteigt.

Das führt am Schluß der Übergangszeit dazu, daß Altersrenten wie normale Einkünfte behandelt werden.

Geplanter Verlauf der Steuerfreistellung der Altersvorsorgebeiträge:

2004	50 %	2012	74 %	2020	90 %
2005	60 %	2013	76 %	2021	92 %
2006	62 %	2014	78 %	2022	94 %
2007	64 %	2015	80 %	2023	96 %
2008	66 %	2016	82 %	2024	98 %
2009	68 %	2017	84 %	2025	100 %
2010	70 %	2018	86 %		
2011	72 %	2019	88 %		

Gleichzeitig werden aber die Ertragsanteile ansteigen. Dabei wurde ab 2005 die bisherige Fiktion, der Ertragsanteil hänge (wie es bei einer tatsächlich kapitalgedeckten Rente auch wirklich der Fall wäre) vom Renteneintrittsalter und damit der Lebenserwartung zu Rentenbeginn ab, zugunsten eines für alle gleichen Ertragsanteiles fallengelassen. Dies führt gleich zu Beginn für die bisherigen Rentner zu einer erheblichen Erhöhung des Ertragsanteiles, die auch dazu führen könnte, daß schon 2005 viele Rentner, die bisher keine Einkommensteuer mehr zahlen mußten, plötzlich wieder veranlagt werden.

Geplanter Verlauf der Besteuerung des Ertragsanteiles:

2004 (mit 67 Jahren)	25 %	2021	81 %
2004 (mit 65 Jahren)	27 %	2022	82 %
2004 (mit 63 Jahren)	29 %	2023	83 %
2004 (mit 60 Jahren)	32 %	2024	84 %
2005	50 %	2025	85 %
2006	52 %	2026	86 %
2007	54 %	2027	87 %
2008	56 %	2028	88 %
2009	58 %	2029	89 %

2010	60 %	2030	90 %
2011	62 %	2031	91 %
2012	64 %	2032	92 %
2013	66 %	2033	93 %
2014	68 %	2034	94 %
2015	70 %	2035	95 %
2016	72 %	2036	96 %
2017	74 %	2037	97 %
2018	76 %	2038	98 %
2019	78 %	2039	99 %
2020	80 %	2040	100 %

Man kann dieses Stufenmodell zusammenfassen:

- 2005: Vereinheitlichung des Ertragsanteiles für alle auf 50 %,
- 2006 bis 2020: Steigerung des Ertragsanteiles um 2 % pro Jahr und
- 2021 bis 2040: Steigerung des Ertragsanteiles um 1 % pro Jahr.

Durch das Alterseinkünftegesetz vom 6. März 2002 wird die ungleiche Behandlung von Renten der Arbeitnehmer und Pensionen der Beamten endlich aufgehoben. Der Gesetzgeber war durch das BVerfG verpflichtet worden, bis zum 1. Januar 2005 eine Neuregelung zu schaffen. Dieser Verpflichtung kommt er mit dieser Neuregelung nach.

5. Kapitalflußrechnung

5.1. Grundgedanken der Kapitalflußrechnung

Der Kapitalfluß (Cash-flow) ist das zahlungsgleiche Ergebnis der Unternehmung. Die zugrundeliegenden Definitionen sind:

- Auszahlung ist der Abfluß liquider Mittel. Liquide Mittel sind Zahlungsmittel in Form von Geldzeichen oder Sichtguthaben.
- Aufwand ist jeder Verbrauch von Gütern.

Beide Begriffe sind nicht deckungsgleich: ein Verbrauch liegt vor, wenn Waren oder Material aus dem Lager entnommen werden, aber dies ist kein Zahlungsvorgang, weil keine gesetzlichen Zahlungsmittel berührt sind – das war beim Kauf bzw. bei der Zahlung der Fall, aber das ist ein anderer Geschäftsfall. Auszahlung und Aufwand liegen also in verschiedenen Perioden. Bei der Abschreibung steht einem Aufwand gar keine Zahlung gegenüber. Beim Kauf von Kleinmaterial wie z.b. Bürobedarf für Eigennutzung hingegen greift die sogenannte Verbrauchsfiktion (R 40 Abs. 2 Satz 2 EStR).
Weiterhin:

- Einzahlung ist der Zufluß liquider Mittel.
- Ertrag ist jede Verwertung von Verbrauch.

Auch hier gibt es einen Unterschied: wird eine Rechnung an einen Kunden geschrieben, so entsteht ein Ertrag, aber zu einer Einzahlung kommt es erst, wenn der Kunde die Rechnung auch begleicht. Und wir wissen, daß das manchmal eher lange dauert (und bisweilen gar nicht geschieht). Ertrag und Einzahlung liegen also oft in zwei verschiedenen Rechnungsperioden.

Man unterscheidet zunächst ein direktes und ein indirektes Rechenverfahren. Beide können beliebig verwendet werden:

Direkte Methode: Grundgedanke der direkten Berechnungsmethode ist, die eigentliche Gewinn- und Verlustrechnung zu wiederholen, aber dabei lediglich die zahlungsgleichen Sachverhalte zu berücksichtigen, also alle zahlungsungleichen Größen außer acht zu lassen:

    zahlungsgleiche Erträge
- zahlungsgleiche Aufwendungen
= Cash-flow

Indirekte Methode: Die indirekte Methode geht von einem vorliegenden GuV-Ergebnis aus und rechnet sämtliche zahlungsungleichen Werte zurück. Sie ist damit eine Nachfolgerechnung zur Gewinn- und Verlustrechnung:

      Jahresüberschuß/Jahresfehlbetrag
+   zahlungsungleiche Aufwendungen
−   zahlungsungleiche Erträge
=   Cash-flow

Beide Methoden sollten genau zum gleichen zahlenmäßigen Endergebnis gelangen. Das Ergebnis zeigt die Geldsumme, die dem Unternehmen während der Berichtsperiode zur Schuldentilgung, Investition oder Entnahme durch die Kapitaleigner zur Verfügung stand. Die Anwendung der direkten Methode ist in der Praxis häufig schwieriger, weil mehr Einzelpositionen zurückgerechnet werden müssen.

Beispiel: Ein Unternehmen legt in einem Abrechnungszeitraum die folgende GuV-Rechnung vor:

1.	Umsatzerlöse	31.300.000,00 €
2.	Erhöhung oder Verminderung des Bestandes an fertigen und unfertigen Erzeugnissen	−40.000,00 €
3.	andere aktivierte Eigenleistungen	25.000,00 €
4.	sonstige betriebliche Erträge	74.000,00 €
5.	Materialaufwand:	
	a) Aufwendungen für Roh-, Hilfs- und Betriebsstoffe und für bezogene Waren	6.600.000,00 €
	b) Aufwendungen für bezogene Leistungen	3.500.000,00 €
6.	Personalaufwand:	
	a) Löhne und Gehälter	4.800.000,00 €
	b) soziale Abgaben und Aufwendungen für Altersversorgung und für Unterstützung	1.800.000,00 €
7.	Abschreibungen:	
	a) auf immaterielle Vermögensgegenstände des Anlagevermögens und Sachanlagen sowie auf aktivierte Aufwendungen für die Ingangsetzung und Erweiterung des Geschäftsbetriebes	6.900.000,00 €
	b) auf Vermögensgegenstände des Umlaufvermögens, soweit diese die in der Kapitalgesellschaft üblichen Abschreibungen überschreiten	240.000,00 €
8.	sonstige betriebliche Aufwendungen	3.450.000,00 €
9.	Erträge aus Beteiligungen	650.000,00 €
10.	Erträge aus anderen Wertpapieren und Ausleihungen des Finanzanlagevermögens	0,00 €
11.	sonstige Zinsen und ähnliche Erträge	7.850,00 €
12.	Abschreibungen auf Finanzanlagen und auf Wertpapiere des Umlaufvermögens	0,00 €
13.	Zinsen und ähnliche Aufwendungen	268.000,00 €
14.	Ergebnis der gewöhnlichen Geschäftstätigkeit	4.458.850,00 €
15.	außerordentliche Erträge	14.500,00 €
16.	außerordentliche Aufwendungen	210.000,00 €
17.	außerordentliches Ergebnis	−195.500,00 €

18. Steuern vom Einkommen und vom Ertrag 1.065.837,50 €
19. sonstige Steuern 78.000,00 €
20. Jahresüberschuß des Berichtszeitraumes 3.119.512,50 €

Weiterhin sind die folgenden zusätzlichen Informationen bekannt:

Gewinnsteuersatz:	25,00 %
Forderungen am Anfang des Berichtszeitraumes:	960.000,00 €
Forderungen zu Ende des Berichtszeitraumes:	1.000.000,00 €
Einstellung in betriebliche Altersvorsorge (Rückstellung):	125.000,00 €
Einstellung in andere Rückstellungen ohne Steuerrückstellungen:	400.000,00 €
Aufwendungen aus Abgang von Vermögensgegenständen:	90.000,00 €
Tatsächlich geleistete KSt.-Vorauszahlungen:	800.000,00 €
Tatsächlich geleistete GewSt.-Vorauszahlungen:	75.000,00 €
Erträge aus Verkauf von Vermögensgegenständen (GuV Zeile 15):	14.000,00 €
Einzahlungen aus Dividenden (GuV Zeile 9 und 10):	320.000,00 €
Auszahlungen aus Kauf von Vermögensgegenständen:	1.250.000,00 €
Einzahlungen aus Emission von Anteilen:	2.100.000,00 €
Einzahlungen aus Darlehen und Ausleihungen:	1.850.000,00 €
Auszahlungen aus Finance Leasing (GuV Zeile 8):	870.000,00 €
Auszahlungen an Lieferanten:	11.250.000,00 €

Weiterhin sind die Zinsaufwendungen der GuV-Rechnung i.H.v. insgesamt 268.000,00 Euro folgendermaßen aufgeteilt:

Zinsen aus operativem Geschäft (Operating Activities):	53.600,00 €
Zinsen aus Investitionstätigkeit (Investing Activities):	80.400,00 €
Zinsen aus Finanzierungstätigkeit (Financing Activities):	134.000,00 €

Für alle Positionen der GuV-Rechnung ist zu prüfen, ob und inwieweit sie zahlungsgleich sind. Die zusätzlichen Informationen stellen eine Reihe von Abweichungen zwischen zahlungsgleichen und zahlungsungleichen Vorgängen dar.

Die direkte Cash-flow-Rechnung wäre also:

zahlungsgleiche Erträge:	
Umsatzerlöse (zahlungsgleich)	31.260.000,00 €
sonstige betriebliche Erträge	74.000,00 €
Erträge aus Beteiligungen	650.000,00 €
sonstige Zinsen und ähnliche Erträge	7.850,00 €
außerordentliche Erträge	14.500,00 €
− **zahlungsgleiche Aufwendungen:**	
Materialaufwand (Pos. 5a und 5b)	10.100.000,00 €
Personalaufwand (Pos. 6a und 6b, soweit zahlungsgleich)	6.475.000,00 €
sonstige betriebliche Aufwendungen (soweit zahlungsgleich)	3.050.000,00 €
Zinsen und ähnliche Aufwendungen	268.000,00 €
außerordentliche Aufwendungen (soweit zahlungsgleich)	120.000,00 €
Steuern vom Einkommen und vom Ertrag (soweit zahlungsgleich)	800.000,00 €
sonstige Steuern (soweit zahlungsgleich)	75.000,00 €
= **Cash-flow**	11.118.350,00 €

Die indirekte Cash-flow-Rechnung sähe so aus:

	Jahresüberschuß des Berichtszeitraumes	3.119.512,50 €
+	**zahlungsungleiche Aufwendungen:**	
	Bestandsminderungen an Fertig- und Unfertigerzeugnissen:	40.000,00 €
	Einstellungen in Pensionsrückstellungen	125.000,00 €
	Einstellungen in andere Rückstellungen ohne Steuern	400.000,00 €
	Abschreibungen des Berichtszeitraumes (Pos. 7a)	6.900.000,00 €
	Abschreibungen des Berichtszeitraumes (Pos. 7b)	240.000,00 €
	Abschreibungen des Berichtszeitraumes (Pos. 12)	0,00 €
	Zahlungsungleiche außerordentl. Aufwendungen	90.000,00 €
	Einstellung in Rückstellung für KSt. / Corporate Tax	265.837,50 €
	Einstellung in Rückstellung für GewSt.	3.000,00 €
–	**zahlungsungleiche Erträge:**	
	Zunahme von Forderungen aus Umsatzerlösen	40.000,00 €
	Bestandserhöhungen an Fertig- und Unfertigerzeugnisse:	0,00 €
	Aktivierte Eigenleistungen	25.000,00 €
=	**Cash-flow**	**11.118.350,00 €**

Die Rechnung scheint hier übersichtlich und überschaubar, ist in der Praxis aber hochkomplex, weil alle Vorgänge auf Zahlungsgleichheit überprüft werden müssen. Manche Cash-flow-Rechnungen sind daher nur Näherungen. Ohne weitere Daten lassen sich aus der GuV-Rechnung aber nur grobe Schätzungen ableiten.

Der Cash-flow-Wert gibt Auskunft über die Selbstfinanzierungskraft des Unternehmens. Er zeigt, wieviel Geld dem Unternehmen für Investitionen, Schuldentilgung oder Entnahme durch die Kapitaleigner wirklich zur Verfügung gestanden hat.

Der Cash-flow-Wert kann als Cash-flow-Profitability (Cash-flow-Umsatzverdienstrate) aussagekräftiger gestaltet werden:

$$CFP = \frac{Cash\text{-}flow}{Umsatzerlöse} \qquad \text{F 5.1}$$

Die CFP-Größe ist im Grunde eine besondere Rentabilitätskennziffer (dynamische Rentabilität). Es gilt daher die gleiche Mindestanforderung wie für alle anderen Rentabilitätsgrößen:

$$CFP > R_{min} \qquad \text{F 5.2}$$

Legt man den Gesamtumsatz der GuV-Rechnung zugrunde, so kommt man hier auf 35,455 %.

Der Unterschied zwischen Jahresergebnis der Gewinn- und Verlustrechnung und Cash-flow ist

- groß bei maschinenintensiven Unternehmen und
- klein bei personalintensiven Unternehmen,

was hauptsächlich im Anteil der Abschreibungsaufwendungen begründet liegt.

Der Cash-flow ist meistens

- in der Gründungsphase kleiner als das Jahresergebnis, aber
- in Folgejahren größer als das Jahresergebnis,

weil in der Gründungsphase Forderungen aufgebaut werden, also zahlungsungleiche Erträge vorliegen.

5.2. Der Ausweis nach IAS 7

Die Cash-flow-Rechnung nach IAS 7 baut auf dieser Grundlage auf, berücksichtigt aber auch die Verwendung der Mittel. Sie bezieht also auch Zahlungsgrößen ein, die nicht aus der GuV stammen, wie beispielsweise Tilgung von Verbindlichkeiten, Zahlung bereits festgesetzter Steuern oder Investitionsauszahlungen. Sie richtet sich daher auf die Mittelherkunft wie auch auf die Mittelverwendung. Man muß daher, um IAS 7 zu verstehen, die beiden grundsätzlichen Verfahren verstanden haben.

Nach IAS 7, 6 sind folgende Bereiche besonders cash-flow-relevant:

- *Operating Activities*: das eigentliche Geschäft einschließlich aller Nebengeschäfte; alle einkommenserzielenden Aktivitäten des Unternehmens (IAS 7.13-15);
- *Investing Activities*: Investitionsvorhaben aller Art, d.h. Erwerb, Abschreibung und Beseitigung von Investitionsgütern (IAS 7.16), und
- *Financing Activities*: alle Aktivitäten, die Summe und Struktur des Kapitals verändern (IAS 7.17).

Eine direkte Cash-flow-Rechnung wäre:

Cash-flows from Operating Activities:
   Einzahlungen von Kunden
- Auszahlungen an Lieferanten
- Auszahlungen aus Zinsen
- Auszahlungen aus Steuern
- außergewöhnliche Auszahlungen
= **Cash-flow aus Operating Activities (1)**
Cash-flows from Investing Activities:
   Einzahlungen aus Verkauf von Vermögensgegenständen
+ Einzahlungen aus Zinserlösen und Dividenden
- Auszahlungen aus Kauf von Vermögensgegenständen
- Auszahlungen aus Zinsen
= **Cash-flow aus Investing Activities (2)**
Cash-flows from Financing Activities:
   Einzahlungen aus Ausgabe von Anteilen
+ Einzahlungen aus Darlehen und Ausleihungen
- Auszahlungen aus Finance Leasing

- Auszahlungen aus Zinsen
= **Cash-flow aus Investing Activities (3)**
(1) + (2) + (3) = Cash-flow

Eine indirekte Cash-flow-Rechnung wäre:
Jahresüberschuß/Jahresfehlbetrag (Income Statement) (1)
Cash-flows from Operating Activities:
+ Abschreibungen, Einstellungen in Rücklagen und Rückstellungen, Bestandsminderungen, Währungsverluste
- Zuschreibungen, Entnahmen aus Rücklagen und Rückstellungen, Bestandsmehrungen, Währungsgewinne
= **Cash-flow Adjustment aus Operating Activities (2)**
Cash-flows from Investing Activities:
+ Abschreibungen, noch nicht ausgezahlte Zinsen
- Zuschreibungen, noch nicht eingezahlte Zinsen
= **Cash-flow Adjustment aus Investing Activities (3)**
Cash-flows from Financing Activities:
+ noch nicht ausgezahlte Dividenden, Konzernaufwendungen
- noch nicht eingezahlte Dividenden, Konzernerträge
= **Cash-flow Adjustment aus Financing Activities (4)**
(1) ± (2) ± (3) ± (4) = Cash-flow

Für die Umrechnung von Fremdwährungsdaten gibt IAS 7.25-30 die Regelung. Für Zinsen, Ertragsteuern, Joint Ventures, Beteiligungen und andere Einzelfälle gibt es Spezialregelungen.

Im vorliegenden Beispiel wäre die direkte Cash-flow-Rechnung nach IAS 7:

Cash-flows from Operating Activities:
	Einzahlungen von Kunden	31.260.000,00 €
−	Auszahlungen an Lieferanten	11.250.000,00 €
−	Auszahlungen aus Zinsen	53.600,00 €
−	Auszahlungen aus Steuern	875.000,00 €
−	außergewöhnliche Auszahlungen	120.000,00 €
=	**Cash-flow aus Operating Activities (1)**	**18.961.400,00 €**

Cash-flows from Investing Activities:
	Einzahlungen aus Verkauf von Vermögensgegenständen	14.000,00 €
+	Einzahlungen aus Zinserlösen und Dividenden	320.000,00 €
−	Auszahlungen aus Kauf von Vermögensgegenständen	1.250.000,00 €
−	Auszahlungen aus Zinsen	80.400,00 €
=	**Cash-flow aus Investing Activities (2)**	**−996.400,00 €**

Cash-flows from Financing Activities:
	Einzahlungen aus Ausgabe von Anteilen	2.100.000,00 €
+	Einzahlungen aus Darlehen und Ausleihungen	1.850.000,00 €
−	Auszahlungen aus Finance Leasing	870.000,00 €
−	Auszahlungen aus Zinsen	134.000,00 €
=	**Cash-flow aus Financing Activities (3)**	**2.946.000,00 €**

Σ (1)+(2)+(3) = **Cash-flow**   20.911.000,00 €

Man beachte, daß dies eine weitergeführte Rechnung ist, deren Ergebnisse nicht mit der »reinen« Cash-flow-Zahl zu vergleichen sind. Anders als diese gibt die »vollständige« Kapitalflußrechnung auch Auskunft über die Mittelverwendung. Im Beispiel haben das operative Geschäft und die Finanzierungsaktivitäten Mittel freigesetzt, aber die Investitionsaktivitäten haben im Saldo Mittel gebunden.

Auf vergleichbare Weise ließe sich auch hier eine indirekte Rechnung aufstellen, die zum gleichen Endergebnis gelangen muß.

5.3. Cash-flow und Unternehmensbewertung

Der sogenannte »Free Operating Cash-flow« ist eine Weiterentwicklung der »klassischen« Cash-flow-Größe und gilt als besonders gutes Maß für den Shareholder Value und damit indirekt auch für die Unternehmensbewertung etwa bei Übernahmen:

```
  Umsatzerlöse
- Herstellungskosten
- Vertriebskosten
- Verwaltungskosten
+ sonstige betriebliche Erträge
- sonstige betriebliche Aufwendungen
+ Abschreibungen
- Steuern
- Investitionen
- Erhöhung Working Capital
= Free Operating Cash-flow
```

6.
Jahresabschlußanalyse

Die für HGB-Abschlüsse anwendbaren Methoden der Jahresabschlußanalyse unterscheiden sich nicht grundsätzlich von denen des IFRS-Abschlusses. Es gibt keine speziellen »IFRS-Kennzahlen«. Die unterschiedlichen Vermögensdefinitionen in HGB und IFRS sowie die Bilanzierungsverbote u.a. des § 248 Abs. 2 HGB führen aber bei gleichartigen Rechenmethoden oft zu unterschiedlichen Ergebnissen. Bei der Auswertung von Daten sollte also das dem Abschluß zugrundeliegende Regelwerk berücksichtigt werden.

6.1. Rentabilitätsrechnung

Produktivität ist allgemein das Verhältnis von Input und Output eines beliebigen Prozesses:

$$P = \frac{Output}{Input} \qquad \text{F 6.1}$$

Als »Prozeß« definiert man in Anlehung an das Qualitätsmanagement ein System von Tätigkeiten. »System« bedeutet untrennbare Zusammengehörigkeit. »Untrennbarkeit« bedeutet, daß ein weiteres Zerlegen in kleinere Einheiten sinnlos ist.

Die Einheit, in der Input- und Outputfaktoren des Prozesses gemessen werden, ist hierbei beliebig. *Beispiel*, in Kilometern pro Stunde:

$$P_{Fahrzeug} = \frac{Strecke}{Zeit} \qquad \text{F 6.2}$$

oder in Euro pro Quadratmeter:

$$P_{Verkauf} = \frac{Umsatz}{Verkaufsfläche} \qquad \text{F 6.3}$$

Die Produktivität ist damit i.d.R. ein technisches Maß für den jeweils Verantwortlichen.

Betrachtet man die durch die Prozesse vermittelten Güterverwertungen und Güterverbräuche, so erhält man die Wirtschaftlichkeit:

$$W = \frac{Ertrag}{Aufwand} \qquad \text{F 6.4}$$

Diese Kennzahl ist viel aussagekräftiger, weil sie eine Relativkennzahl aufgrund von Geldgrößen ist. Die Wirtschaftlichkeit verschiedener Unternehmen oder Betriebe ist daher besser vergleichbar als die Produktivität von Prozessen. Zudem kann ein Prozeß produktiv etwas herstellen, was keiner will. In der Wirtschaftlichkeit hingegen ist die Marktbewertung bereits enthalten.

Man bedenke zudem, daß durch die »True and Fair View Presentation« in den IFRS die Aussagekraft der Aufwands- und Ertragsgrößen höher ist als im Handels- oder Steuerrecht.

Bezieht man die Wirtschaftlichkeit auf den Faktoreinsatz »Kapital«, so erhält man die Rentabilität:

$$R = \frac{Gewinn}{Kapital} \qquad \text{F 6.5}$$

Auch hier ist wiederum der Gewinnbegriff der IFRS »besser« als der im Handelsrecht (und viel besser als der im Steuerrecht).

Die Rentabilität ist statisch, wenn sie sich auf eine Bestandsgröße, also eine bilanzielle Bezugsgröße richtet, und dynamisch, wenn sie eine Bewegungsgröße zugrunde legt.

Die statische Rentabilität kann sich auf Eigen- oder Gesamtkapital beziehen. Die Eigenkapitalrentabilität spiegelt die Sichtweise der Aktionäre:

$$R_{EK} = \frac{Gewinn}{Eigenkapital} \qquad \text{F 6.6}$$

Die Fremdkapitalrentabilität stellt die Sichtweise der Geschäftsleitung dar, weil diese für die Verwaltung der gesamten Kapitalmasse, die im Unternehmen investiert ist, verantwortlich zeichnet:

$$R_{GK} = \frac{Gewinn}{Gesamtkapital} \qquad \text{F 6.7}$$

Vielfach findet man jedoch die Ansicht, daß der Gewinn, den man auch als Produzentenrente bezeichnen kann, die vom Unternehmer gezahlten Fremdkapitalzinsen nicht enthalten darf, weil diese eine Art vorweggenommener Gewinn seien. Die Vertreter dieser Meinung argumentieren, daß den Fremdkapitalgebern damit eine Art Gewinnanteil ausgezahlt wird, der ebenfalls als Produzentenrente definiert ist. Man müsse daher, so argumentieren die Vertreter dieser Theorie, die Rentabilität folgendermaßen berechnen:

$$R_{GK} = \frac{Gewinn + Zinsaufwand}{Gesamtkapital}$$ F 6.8

Der Autor teilt diese Sichtweise nicht, weil die Gesamtkapitalrentabilität als Maßzahl für die Leistung der Geschäftsleitung auch die Finanzierung berücksichtigen sollte, d.h. kleiner werden sollte, wenn die Finanzierung mehr Fremdkapital enthält. Fremdkapitalzinsen sind keine »Vorab-Gewinne«, wie die Vertreter der Rechenweise F 6.8 meinen, sondern Aufwendungen, die auch in der Wirtschaftlichkeit (F 6.4) eine Rolle spielen. Sinkt aber die Wirtschaftlichkeit (wegen höherer Fremdkapitalzinsen), so muß dies auch die Rentabilität tun.

Die dynamische Rentabilität bezieht sich i.d.R. auf den Umsatz als Bezugsgröße, denn der Umsatz ist eine Stromgröße. Man unterscheidet

$$R_U = \frac{Gewinn}{Umsatz}$$ F 6.9

und die Cash-flow-Profitability (Cash-flow-Umsatzverdienstrate) als dynamische Rentabilitätskennziffer:

$$CFP = \frac{Cash\,Flow}{Umsatzerlöse}$$ F 5.1

Für Produktivität, Wirtschaftlichkeit und Rentabilität sind die Untergrenzen aus der Mindestrentabilität (R_{min}) definiert. Ein Prozeß muß dabei stets mehr als den Betrag der Mindestrentabilität ausbringen, als eingesetzt wird:

$$P > (1 + R_{min})$$ F 6.10

Das ist in der Praxis aufgrund der unterschiedlichen Einheiten aber oft nicht anwendbar. Für Wirtschaftlichkeit und Rentabilität gilt aber:

$$W > R_{min}$$ F 6.11

$$R > R_{min}$$ F 6.12

Vielfach kann es problematisch sein abzugrenzen, was genau man unter »Eigenkapital« verstanden wissen will. Die folgende Definition hilft dabei:

    I. Gezeichnetes Kapital
+ II. Kapitalrücklage
+ III. Gewinnrücklagen
      1. gesetzliche Rücklagen
      2. Rücklagen für eigene Anteile
      3. satzungsmäßige Rücklagen
      4. andere Gewinnrücklagen
+ IV. Gewinnvortrag/Verlustvortrag
+ V. Jahresüberschuß/Jahresfehlbetrag
= **bilanzielles Eigenkapital**
− Ausstehende Einlagen (die nicht direkt verfügbar sind)
+ Forderungen gegenüber Gesellschaftern (die eingetrieben werden können)
− Verbindlichkeiten gegenüber Gesellschaftern (die abgeführt werden müssen)
+ eigenkapitalersetzende Darlehen i.S.d. § 32a GmbHG
+ Sonderposten mit Rücklageanteil
= **wirtschaftliches Eigenkapital**

Anstelle des Gewinns kann in den Rentabilitätskennziffern nicht nur der Cash-flow gesetzt werden. Zwei weitere »bereinigte« Gewinnkenngrößen haben sich eingebürgert:
»Earnings before Taxes« (EBT, Gewinn vor Steuern):

    Jahresüberschuß/Jahresfehlbetrag
+ Gewinn- und Ertragssteuern (GewSt, KSt)
= EBT

»Earnings before Interest and Taxes« (EBIT, Gewinn vor Steuern und Zinsaufwendungen):

    Jahresüberschuß/Jahresfehlbetrag
+ Gewinn- und Ertragssteuern (GewSt, KSt)
+ Zinsaufwendungen
= EBIT

Schließlich »Earnings before Interest, Taxes, Depreciation and Amortization« (EBITDA, Gewinn vor Steuern, Zinsen, Abschreibung und Tilgung):

    Jahresüberschuß/Jahresfehlbetrag
+ Gewinn- und Ertragssteuern (Gewerbesteuer, Körperschaftsteuer)
+ Zinsaufwendungen
+ Abschreibungen
+ Tilgungen von Darlehen und Krediten
= EBITDA

Die drei vorstehenden Kennziffern können sich eignen, die Ergebnisse von Jahresabschlüssen auch über Branchengrenzen hinweg vergleichbar zu machen.

Eine besondere Rentabilitätskennziffer hat sich im Zusammenhang mit dem Risikomanagement eingebürgert: »Risk-adjusted Return on Capital« (RAROC, risikobereinigte Kapitalrentabilität):

$$RAROC = \frac{\text{Risk-Adjusted Return}}{\text{Risk-Adjusted Capital}} = \frac{\text{Ertrag Risikogeschäft ./. zurechenbare Aufwend. ./. erwartete Verluste}}{\text{Kapital, das den Worst-Case-Verlust abdeckt für Markt-, Kredit- und andere operationelle Risiken}}$$ F 6.13

Die RAROC-Kenngröße ist insbesondere im Kreditgewerbe verbreitet.

6.2. Der Leverage-Effekt

Die Rentabilitätsrechnung erlaubt eine strategische Entscheidung über die Finanzierung des Unternehmens. Der sogenannte »Hebeleffekt« besagt im wesentlichen, daß Verschuldung sich lohnt, wenn der tatsächlich am Markt erzielbare Gesamtkapitalzins (also die Mindestrentabilität R_{min}) größer ist als der Fremdkapitalzins (positiver Leverage-Effekt), sich jedoch nicht lohnt, wenn der Gesamtkapitalzins kleiner ist als der Fremdkapitalzins (negativer Leverage-Effekt):

$$R_{EK} = \frac{G - i_{FK} \times FK}{EK} = \frac{R_{GK} \times GK - i_{FK} \times FK}{EK}$$ F 6.14

$$R_{EK} = \frac{R_{GK} \times EK + R_{GK} \times FK - i_{FK} \times FK}{EK}$$ F 6.15

$$R_{EK} = R_{GK} + (R_{GK} - i_{FK}) \times \frac{FK}{EK}$$ F 6.16

Beispiel: Das Eigenkapital eines Unternehmens betrage 1.000 Euro und der Fremdkapitalzins 6 % p.a. Die Mindestrentabilität sei 10 %, und auch erzielbar, also am Markt durchsetzbar. Lohnt sich die Fremdkapitalaufnahme, d.h., sollte der Unternehmer dieses Unternehmen eigen- oder fremdfinanzieren?

	1	2	3	4	5
Eigenkapital:	1.000 €	1.000 €	1.000 €	1.000 €	1.000 €
Fremdkapital:	0 €	500 €	1.000 €	1.500 €	2.000 €
Bilanzsumme:	1.000 €	1.500 €	2.000 €	2.500 €	3.000 €
Verschuldungsgrad:	0	0,5	1	1,5	2
Zinsertrag:	100 €	150 €	200 €	250 €	300 €
Zinsaufwendungen:	0 €	30 €	60 €	90 €	120 €
Zinssaldo:	100 €	120 €	140 €	160 €	180 €
Eigenkapitalrentabilit.:	10 %	12 %	14 %	16 %	18 %

Die Eigenkapitalrentabilität steigt also offensichtlich mit wachsender Fremdkapitalaufnahme – oder Verschuldung lohnt sich. Man spricht von einem »positiven« Leverage-Effekt.

Wie wäre es aber, wenn die Daten aus dem obigen Beispiel unverändert bleiben, aber der Fremdkapitalzins auf 12 % steigt?

	1	2	3	4	5
Eigenkapital:	1.000 €	1.000 €	1.000 €	1.000 €	1.000 €
Fremdkapital:	0 €	500 €	1.000 €	1.500 €	2.000 €
Bilanzsumme:	1.000 €	1.500 €	2.000 €	2.500 €	3.000 €
Verschuldungsgrad:	0	0,5	1	1,5	2
Zinsertrag:	100 €	150 €	200 €	250 €	300 €
Zinsaufwendungen:	0 €	60 €	120 €	180 €	240 €
Zinssaldo:	100 €	90 €	80 €	70 €	60 €
Eigenkapitalrentabilität:	10 %	9 %	8 %	7 %	6 %

Hier liegt ein »negativer« Leverage-Effekt vor, d.h., die Eigenkapitalrentabilität sinkt mit zunehmender Verschuldung.

Ein »positiver« Leverage-Effekt ist der Regelfall; dies kann als allgemeine Begründung verstanden werden, weshalb Verschuldung sich in den meisten Fällen lohnt, d.h. ein Unternehmen immer mit dem minimalen Eigenkapital betrieben werden sollte.

Zur Diskussion um die Gesamtkapitalrendite (F 6.7 und F 6.8): auch hier mindert der Fremdkapitalzins den Gewinn!

6.3. Kennziffern der Bilanz

Allgemein unterscheidet man

- Kennziffern aus Werten, die in der Bilanz »nebeneinander« stehen (horizontale Kennziffern), und
- Kennziffern aus Werten, die in der Bilanz »übereinander« stehen (vertikale Kennziffern).

Vertikale Kennziffern haben meist nur im Betriebs- oder Unternehmensvergleich eine Aussage, während horizontale Kennziffern vielfach auch branchenunabhängig »absolut« relevant sind.

6.3.1. Horizontale Kennziffern

Liquiditätskennziffern geben Auskunft über die Zahlungsfähigkeit des Unternehmens. Sie sind damit zugleich auch ein Risikomaß. Man unterscheidet drei Liquiditäten:
Erste Liquidität:

$$L_1 = \frac{Geldmittel}{kurzfristiges\,FK} \qquad \text{F 6.17}$$

Zweite Liquidität:

$$L_2 = \frac{Geldmittel + kfr.\,Forderungen}{kurzfristiges\,FK} \qquad \text{F 6.18}$$

Dritte Liquidität:

$$L_3 = \frac{UV}{kurzfristiges\,FK} \qquad \text{F 6.19}$$

Es ist schwer, hier Mindestgrenzen zu nennen. Nur die zweite Liquidität muß stets klar über 100 % liegen. Eine erste Liquidität deutlich unter 100 % kann jedoch ausreichend sein.
Die Skizze visualisiert den Mindestzustand:

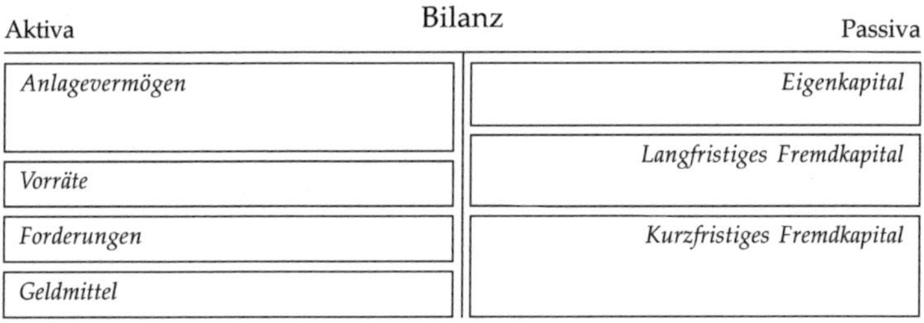

Aktiva	Bilanz	Passiva
Anlagevermögen		*Eigenkapital*
Vorräte		*Langfristiges Fremdkapital*
Forderungen		*Kurzfristiges Fremdkapital*
Geldmittel		

Abbildung 6.1: Visualisierung der Mindestliquidität (L_2 > 100%)

Bei den Liquiditätskennziffern kann auch mit den Effektivmitteln gerechnet werden:

    Summe aller Guthaben in Kassen (Bargeld)
+ Summe aller Guthaben in Sichtkonten (Buchgeld)
+ Summe verfügbarer (d.h. nicht in Anspruch genommener) Kontokorrentkredite
= effektive Geldmittel

Da Banken dazu neigen, Kreditlinien auf Girokonten in Krisensituationen plötzlich zu kürzen oder ganz zu streichen, ist die Rechnung mit den effektiven Geldmitteln risikoreich, aber angesichts der schlechten Zahlungsmoral oft notwendig.

Anlagedeckungskennziffern geben Auskunft darüber, wie das Anlagevermögen des Unternehmens finanziert ist.

Erste Anlagedeckung:

$$A_1 = \frac{EK}{AV}$$ F 6.20

Im Idealfall soll das Anlagevermögen durch Eigenkapital finanziert sein. Das wird ausgedrückt:

$$A_1 = \frac{EK}{AV} \geq 1$$ F 6.21

Man spricht in diesem Zusammenhang von der »goldenen« Bilanzregel:

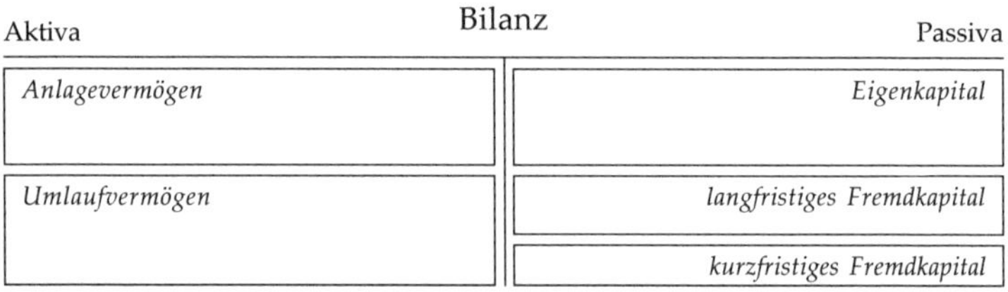

Aktiva	Bilanz	Passiva
Anlagevermögen		Eigenkapital
Umlaufvermögen		langfristiges Fremdkapital
		kurzfristiges Fremdkapital

Abbildung 6.2: Die »goldene« Bilanzregel: Anlagedeckung nur durch Eigenkapital

Zweite Anlagedeckung:

$$A_2 = \frac{EK + lfr.FK}{AV}$$ F 6.22

Als Mindestanforderung soll das Anlagevermögen durch Eigenkapital und langfristiges (nicht aber kurzfristiges) Fremdkapital gedeckt sein:

$$A_2 = \frac{EK + lfr.FK}{AV} \geq 1 \qquad \text{F 6.23}$$

Man spricht hier von der »silbernen« Bilanzregel. Diese ist eine Mindestanforderung an die Finanzierung eines Unternehmens:

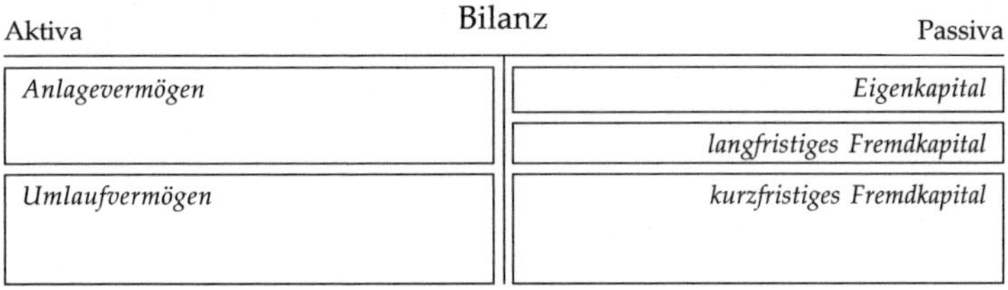

Aktiva	Bilanz	Passiva
Anlagevermögen		Eigenkapital
		langfristiges Fremdkapital
Umlaufvermögen		kurzfristiges Fremdkapital

Abbildung 6.3: Die »Silberne« Bilanzregel als Mindestfinanzierung

Wird auch die »silberne« Bilanzregel nicht erfüllt, so ist das Unternehmen unseriös finanziert und nicht kreditwürdig.

Seltener ist die Working-Capital-Kennzahl als Absolutmaß für den Betrag, der die unternehmerische Leistung »wirklich« erbringt:

$$C_W = UV - kfr.FK \qquad \text{F 6.24}$$

Liquidität und Anlagedeckung eignen sich gut, die Gesamtlage des Unternehmens zu beurteilen. Betrachten wir ein *Beispiel*:

Aktiva	Beispiel 1		Passiva
Anlagevermögen	100	Eigenkapital	80
Vorräte	20	lfr. Darlehen	30
kfr. Forderungen	30	kfr. Verbindlichkeiten	50
Geldmittel	10	davon für SV/Steuern	20
	160		160

Ergebnisse der numerischen Analyse:

A_1:	80,00 %
A_2:	110,00 %
L_1:	20,00 %
L_2:	80,00 %
L_3:	120,00 %

Erste und zweite Anlagedeckung sind unauffällig. Da sich diese Werte zumeist langfristig bilden, ist von einer bisher ungestörten Unternehmensgeschichte auszugehen. Durch die sehr hohe Gewinnbesteuerung in Deutschland (das Baltikum kennt z.T. gar keine Unternehmensbesteuerung!) braucht der Aufbau einer Eigenkapitaldecke oft Jahrzehnte; dieses Unternehmen ist daher vermutlich eher in den alten Bundesländern zu finden. In Thüringen hat zum Vergleich ein Drittel der Unternehmen überhaupt kein (!) Eigenkapital.

L_1 ist nicht an sich ein Problem, aber die Geldmittel sind kleiner als die »Davon-Position« der kurzfristigen Verbindlichkeiten. Das Unternehmen kann also die Steuer- und SV-Verbindlichkeiten nicht mehr zahlen. Es besteht also akute Insolvenzgefahr. Dieses Bild wird noch durch L_1 unter 100 % verschärft, denn der zu geringe Wert der zweiten Liquidität deutet darauf hin, daß es auch mit dem Verkauf nicht klappt. Das Unternehmen ist also »morsch« und ein typischer Kandidat für Sanierung oder Abwicklung.

Betrachten wir noch ein *Beispiel*:

Beispiel 2

Aktiva		Passiva	
Anlagevermögen	80	Eigenkapital	80
Vorräte	25	lfr. Darlehen	45
kfr. Forderungen	60	kfr. Verbindlichkeiten	60
Geldmittel	20	davon für SV/Steuern	10
	185		185

Ergebnisse der numerischen Analyse:

A_1: 100,00 %
A_2: 156,25 %
L_1: 33,33 %
L_2: 133,33 %
L_3: 175,00 %

Die Anlagedeckung ist hier ideal – ein seltener Fall.

L_1 ist gering, aber die Geldmittel sind über der »Davon-Position«, so daß das Unternehmen zwar wenig Geld hat, aber kein grundsätzliches Liquiditätsproblem. Dies wird insbesondere dadurch deutlich, daß L_2 über 100 % liegt: wenn alle Forderungen eingetrieben werden, kann das Unternehmen alle kurzfristigen Verbindlichkeiten tilgen.

L_3 soll nicht »zu hoch« sein, aber was unter »zu hoch« zu verstehen ist, ist eher branchenspezifisch und kann nicht generell festgelegt werden. Branchen, die ein vergleichsweise großes Lager führen müssen (Einzelhandel), haben ein höheres L_3 als solche, die kaum Material oder Waren lagern müssen (einzelfertigender Handwerker).

Ein letztes *Beispiel*:

Beispiel 3

Aktiva		Passiva	
Anlagevermögen	90	Eigenkapital	30
Vorräte	80	lfr. Darlehen	45
kfr. Forderungen	20	kfr. Verbindlichkeiten	125
Geldmittel	10	davon für SV/Steuern	20
	200		200

Ergebnisse der numerischen Analyse:

A_1:	33,33 %
A_2:	83,33 %
L_1:	8,00 %
L_2:	24,00 %
L_3:	88,00 %

Weder die »goldene« noch die »silberne« Bilanzregel werden hier erfüllt. Das Unternehmen ist damit nicht kreditwürdig. Große Verluste in der Vergangenheit sind zu vermuten und sollten in früheren Abschlüssen überprüft werden.

L_1 bei 8 % ist nicht an sich das Problem, aber die Geldmittel machen nur 50 % der kurzfristigen Steuer- und SV-Verpflichtungen aus, denen die Unternehmung nicht mehr nachkommen kann. Vermutlich werden also die Krankenkassen bald einen Insolvenzantrag stellen.

L_2 bei nur 24 % ist ein weiteres Zeichen für eine sehr schlechte wirtschaftliche Lage: offensichtlich verkauft das Unternehmen nichts.

L_3 ist zwar außerordentlich gering, aber mehr als das Dreifache von L_2. Dies läßt auf ein viel zu großes Lager schließen. Das könnte auch auf schwere Managementfehler hinweisen, etwa eine Fehleinschätzung der künftigen Auftragslage.

Wenn Sie bei diesem Unternehmen arbeiten, dann schreiben Sie Bewerbungen!

6.3.2. Vertikale Kennziffern

Vertikale Kennziffern vergleichen Faktoren, die in der Bilanz auf einer Seite übereinanderstehen. Sie haben, im Gegensatz zu den horizontalen Kennziffern, nur selten eine unabhängige Bedeutung.

Anlageintensität ist der Anteil des Anlagevermögens an der Bilanzsumme:

$$Anlageintensität = \frac{AV}{Bilanz\Sigma} \qquad \text{F 6.25}$$

Umlaufintensität ist der Anteil des Umlaufvermögens an der Bilanzsumme:

$$Umlaufintensität = \frac{UV}{Bilanz\Sigma} \qquad \text{F 6.26}$$

Die Summe aus diesen beiden Werten ist stets 1; die Verteilung hingegen ist ein Branchenmerkmal:

- die Anlageintensität ist hoch bei produzierenden Industriebetrieben, aber auch bei Verkehrsunternehmen;
- die Umlaufintensität ist hoch im Handel, aber auch bei manchen Dienstleistern.

Die Vorratsquote zeigt, welcher Anteil am Gesamtvermögen (also der Bilanzsumme) aus Vorräten besteht:

$$Vorratsquote = \frac{Vorräte}{Bilanz\Sigma} \qquad \text{F 6.27}$$

Vorräte sind Rohstoffe, Hilfsstoffe, Betriebsstoffe, Waren, Halbfertigprodukte und Fertigerzeugnisse. Der Vorratsbegriff geht über die Definition von IAS 2 hinaus, weil u.a. auch biologische Vermögensgegenstände und bestimmte immaterielle Vermögenswerte zu den Vorräten gezählt werden können. Die Vorratsquote sollte möglichst klein sein, da Lager nicht zu groß sein sollen. Sinkt die Vorratsquote, so sinkt auch L_3. Die »betriebsnotwendige« Vorratsquote ist aber i.d.R. eine branchenbezogene Größe.

Die Forderungsquote zeigt, wie hoch der Anteil der Forderungen am Gesamtvermögen ist:

$$Forderungsquote = \frac{Forderungen}{Bilanz\Sigma} \qquad \text{F 6.28}$$

Diese Kennzahl ist für sich genommen wenig aussagekräftig, sollte aber u.U. im Zusammenhang mit der zweiten Liquiditätskennzahl gesehen werden.

Die Forderungsumschlagshäufigkeit gibt Auskunft über die »Umwälzgeschwindigkeit« der Forderungen:

$$Forderungsumschlag = \frac{Umsatz}{\varnothing Forderungen} \qquad \text{F 6.29}$$

Formale Ähnlichkeiten mit bestimmten Kennzahlen im Lager dürfen nicht dazu verleiten, bei der Ermittlung der durchschnittlichen Forderungen so wie im Lager vorzugehen. Im Bereich des Forderungsmanagements müssen die Forderungen jedes einzelnen Tages eines Betrachtungszeitraumes in die Durchschnittsberechnung eingehen:

$$\varnothing Forderungen = \frac{\sum_{t=1}^{n} Forderungs\Sigma_t}{n} = \frac{1}{n} \times \sum_{t=1}^{n} Forderungs\Sigma_t \qquad \text{F 6.30}$$

Das durchschnittliche Kundenziel ist:

$$Kundenziel = \frac{360}{Forderungsumschlag}$$
F 6.31

Der Wert soll tendenziell klein sein und gibt im Zeitvergleich Auskunft über die Entwicklung der Zahlungsmoral der Kunden. Die Zahlungsmittelquote ist:

$$Zahlungsmittelquote = \frac{Liquide\ Mittel}{Bilanz\Sigma}$$
F 6.32

Auch dieser Wert sollte klein sein, um möglichst wenig »totes« Kapital im Unternehmen zu führen, ist aber absolut nach unten durch die Summe begrenzt, die die Unternehmung zur Tilgung der kürzestfristigen Verbindlichkeiten braucht. Diese sind die im Bilanzgliederungsschema nach § 266 HGB auf der Passivseite unter C8 genannten »Davon«-Positionen. Dazu zählen insbesondere Größen, die binnen zwei Wochen fällig sind, wie

- Umsatzsteuerschuld,
- Lohnsteuer und Solidaritätszuschlag sowie
- Sozialversicherungsbeiträge.

Zu den Zahlungsmitteln können auch ungenutzte, aber verfügbare Kreditlinien auf Girokonten addiert werden.

Für die Kennzahlen der Passivseite kann bedeutsam sein, die verschiedenen Arten von Verbindlichkeiten gegeneinander abzugrenzen:

Abgrenzung der verschiedenen Arten von Verbindlichkeiten

Zahlungs-pflicht	Zahlungs-zeit	Zahlungs-höhe	Art von Position und deren bilanzielle Behandlung
gewiß	gewiß	gewiß	normale Verbindlichkeit i.S.d. IAS 37.10 und F 49
gewiß	mindestens ein Merkmal ungewiß		Rückstellung gemäß IAS 37.10 oder § 249 HGB
ungewiß	(nicht mehr relevant)		Eventualverbindlichkeit nach IAS 37.10 oder § 251 HGB

Tabelle 6.1: Verschiedene Arten von Verbindlichkeiten

Die Eigenkapitalquote zeigt den Anteil an Eigenkapital an der Bilanzsumme:

$$Eigenkapitalquote = \frac{EK}{GK}$$
F 6.33

Die Fremdkapitalquote zeigt den Anteil an Eigenkapital an der Bilanzsumme:

$$Fremdkapitalquote = \frac{FK}{GK} \qquad \text{F 6.34}$$

Die Summe aus diesen beiden Werten ist stets 1; die Verteilung hingegen ist ein Branchenmerkmal. Die bisweilen in IHK-Prüfungen erwartete Leistung des Prüfungsteilnehmers, einen bestimmten absoluten Mindestbetrag an Eigenkapital zu nennen, ist offensichtlich falsch, denn die erforderliche Eigenkapitalquote wird lediglich durch die Anlagedeckung und damit letztlich durch den Markt bestimmt.

Die Deutsche Bank berichtete in ihrem Jahresabschluß für das Geschäftsjahr 2004[1] folgende Zahlen (in Mio. Euro):

Eigenkapital 25,9
Fremdkapital 814,1
Bilanzsumme 840,0
Eventualverbindlichkeiten 29.895,0

Legt man lediglich Verbindlichkeiten und Rückstellungen zugrunde, gilt also:

Eigenkapitalquote 3,083 %
Fremdkapitalquote 96,917 %

Die Deutsche Bank ist aber dennoch kein Insolvenzkandidat. Sie wies zu gleicher Zeit eine ausgezeichnete Anlagedeckung aus, was uns zugleich sagt, daß der Anteil der kurzfristigen Forderungen gegen Kunden im Betrachtungszeitraum hoch war.

Mehr noch erlauben die Zahlen einen weiteren Einblick. Bezieht man die Eventualverbindlichkeiten i.H.v. 29.895 Mio. Euro in die Betrachtung ein, so erhält man eine Eigenkapitalquote von sogar nur noch 0,08434 %. Hier ist es aussagekräftiger, den Eventualfaktor zu berechnen:

$$Eventualfaktor = \frac{Eventualverb}{Eigenkapital} = \frac{29.895}{25,9} = 1.154,25 \qquad \text{F 6.35}$$

Würden also nur etwas unter einem Promille (!) der dem Grunde nach ungewissen Verbindlichkeiten tatsächlich fällig, so würde dies das Eigenkapital der Deutschen Bank aufzehren. *Dann* wäre diese Bank allerdings ein Insolvenzkandidat.

Zu den weiteren Kenngrößen gehört der Selbstfinanzierungsgrad:

$$Selbstfinanzierungsgrad = \frac{Rücklagen}{Gesamtkapital} \qquad \text{F 6.36}$$

[1] Quelle für alle Zahlen ab 2000: http://www.deutsche-bank.de/ir/558.shtml. Diese Daten für 2004 aus http://www.deutsche-bank.de/ir/pdfs/xD_Finanzbericht_2004.pdf.

Zu den Rücklagen gehören die Gewinnrücklagen, die satzungsgemäßen Rücklagen, die Rücklagen für eigene Anteile und bei Aktiengesellschaften die gesetzliche Rücklage. Letztere wird in § 150 AktG geregelt. Nach § 150 Abs. 2 AktG sind 5 % des Jahresüberschusses in die gesetzliche Rücklage einzustellen:

$$Dotierung = \frac{Jahresüberschuß - Verlustvortrag}{20}$$ F 6.37

bis diese plus die gegebenenfalls schon vorhandene Kapitalrücklage mindestens 10 % des Grundkapitals erreichen:

$$(Gesetzl.\ Rücklage + Kapitalrücklage) \geq \frac{Grundkapital}{10}$$ F 6.38

Der Verschuldungsgrad ist ein Relativmaß für den Anteil der Schulden:

$$Verschuldungsgrad = \frac{Fremdkapital}{Eigenkapital}$$ F 6.39

Die Kapitalumschlagsdauer ist ein Maß für die »Umwälzgeschwindigkeit« des investierten Kapitals und damit indirekt ein Produktivitätsmaß:

$$Kapitalumschlag = \frac{Umsatz}{Kapital\Sigma} = \frac{Umsatz}{Bilanz\Sigma}$$ F 6.40

Hieraus kann man berechnen, wie lange ein Euro durchschnittlich im Unternehmen verbleibt:

$$Kapitalumschlagsdauer = \frac{360}{Kapitalumschlag}$$ F 6.41

Wie bei der Forderungsumschlagshäufigkeit (F 6.29) und dem durchschnittlichen Kundenziel (F 6.31) gilt auch hier, daß die Umschlagsgeschwindigkeit hoch und die Umschlagsdauer klein sein sollen. Kapital wie Forderungen sollen kurz im Unternehmen verweilen. Dies ist ein Zeichen für produktiven Kapitaleinsatz, also für ein funktionierendes Unternehmen.

6.4 Kennziffern der GuV-Rechnung

Da viele Daten der GuV-Rechnung aus steuertaktischen Überlegungen heraus verzerrt sind, eignet sich die GuV-Rechnung kaum für eine »wahre« Erfolgsbewertung. Die »bessere« Bewertung der Aufwendungen und Erträge in den IFRS (z.b. durch anteiligen Erfolgsausweis nach Fertigstellungsgrad) ändert daran kaum etwas.

Allgemeines Maß ist die Wirtschaftlichkeit:

$$W = \frac{Ertrag}{Aufwand}$$ F 6.4

Diese Maßzahl kann man aus Sicht der Kosten- und Leistungsrechnung anpassen:

$$W_{intern} = \frac{Leistungen}{Kosten}$$ F 6.42

Da viele Aufwendungen keine Kosten sind, aber Kosten bestehen, die keine Aufwendungen sind (und daher nicht in der GuV-Rechnung erscheinen), bietet diese Rechenmethode u.U. ein besseres Ergebnis.

Aufwandsstrukturkennziffern geben Auskunft über die Zusammensetzung der Aufwendungen:

$$Materialaufwandsquote = \frac{Materialeinsatz}{Gesamtleistung}$$ F 6.43

$$Personalaufwandsquote = \frac{Personalaufwand}{Gesamtleistung}$$ F 6.44

$$Abschreibungsquote = \frac{Abschreibungen}{Gesamtleistung}$$ F 6.45

Kosten, die das gesamte Unternehmen betreffen, werden i.d.R. in Beziehung zum Umsatz (und nicht zur Leistung) angegeben, z.B.

$$Herstellungsintensität = \frac{Herstellungskosten}{Umsatz}$$ F 6.46

$$Verwaltungsintensität = \frac{Verwaltungskosten}{Umsatz}$$ F 6.47

$$Vertriebsintensität = \frac{Vertriebskosten}{Umsatz} \qquad \text{F 6.48}$$

Insbesondere im Risikomanagement, aber auch für strategische Entscheidungen ist bedeutsam, die Abhängigkeit vom Ausland oder von bestimmten Kunden zu ermitteln. Die Auslandsabhängigkeit ist:

$$Auslandsabhängigkeit = \frac{Auslandsumsatz}{Gesamtumsatz} \qquad \text{F 6.49}$$

Um die Abhängigkeit von wenigen Kunden zu ermitteln, ist die ABC-Analyse gut geeignet. Hierzu sind folgende Schritte erforderlich:

1. Sortieren der Kunden nach Umsatz,
2. Ermitteln des gesamten Periodenumsatzes aller Artikel,
3. Berechnen des Anteiles der einzelnen Kunden am gesamten Periodenumsatz in Prozent (Summe = 100 %),
4. Kumulieren aller Werte aus dem vorhergehenden Schritt (Letzter Wert = 100 %) und
5. Einteilen der Kunden in die Kategorien A, B und C.

Die A/B- und die B/C-Grenze ist hierbei willkürlich, was für qualitative strategische Verfahren typisch ist, denn diese stellen ja keine präzise mathematische Auswertung, sondern nur eine Abschätzung optimaler Verhaltensweisen dar.
Zumeist setzt man fest:

- A/B-Grenze: oberste zwei Drittel des Periodenumsatzes (d.h. der sortierten Tabelle) und
- B/C-Grenze: letzte 10 % des Periodenumsatzes (unterste 10 % der sortierten Tabelle).

Betrachten wir das an einem *Beispiel*:

Kunde Nr.	Periodenumsatz
1	4.000,00 €
2	8.000,00 €
3	7.000,00 €
4	60.000,00 €
5	6.000,00 €
6	40.000,00 €
7	10.000,00 €
8	2.000,00 €
9	20.000,00 €
10	1.000,00 €

Abbildung 6.4: Rohdaten für die ABC-Analyse (z.B. aus der Kundendatenbank)

In der vorstehenden Beispieldatenbank stehen nur zehn Kunden, damit die Sache überschaubar bleibt. Für jeden der Kunden ist ein Periodenumsatz festgestellt worden. Die Daten ergeben diese ABC-Analyse:

Kunde Nr.	Umsatz	Anteil	Kumuliert	Typ
4	60.000,00 €	37,9747 %	37,9747 %	A
6	40.000,00 €	25,3165 %	63,2911 %	
9	20.000,00 €	12,6582 %	75,9494 %	B
7	10.000,00 €	6,3291 %	82,2785 %	
2	8.000,00 €	5,0633 %	87,3418 %	
3	7.000,00 €	4,4304 %	91,7722 %	C
5	6.000,00 €	3,7975 %	95,5696 %	
1	4.000,00 €	2,5316 %	98,1013 %	
8	2.000,00 €	1,2658 %	99,3671 %	
10	1.000,00 €	0,6329 %	100,0000 %	

Abbildung 6.5: ABC-Analyse aufgrund der Daten aus Abbildung 6.4

Die ersten beiden Kunden machen hier 63,29 % des Gesamtumsatzes aus. Sie gehören damit zur A-Kategorie. Die letzten fünf Artikel machen insgesamt nur knapp 10 % des Gesamtumsatzes aus, so daß sie zur C-Kategorie gerechnet wurden. Der Rest in der Mitte bildet die B-Gruppe. Dies läßt eine Vielzahl von Auswertungen zu.

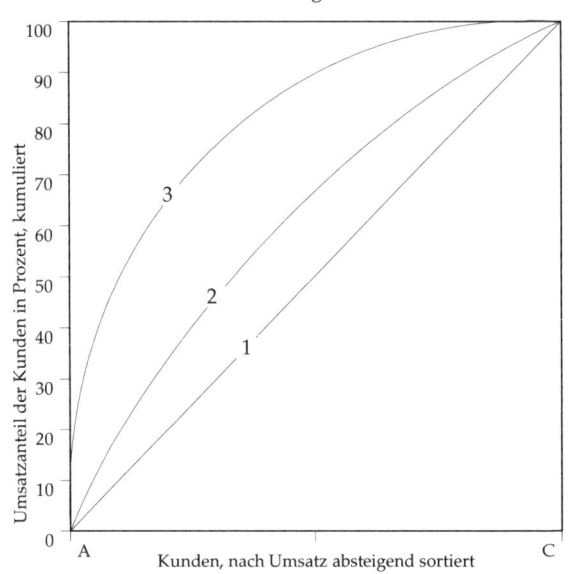

Abbildung 6.6: Die Krümmung der Lorenz-Kurve zeigt die Abhängigkeit von den Kunden

Zunächst kann es Sinn machen, den gefundenen Sachverhalt in einer Lorenz-Kurve zu visualisieren (Abbildung 6.6). Die Krümmung der Kurve ist ein Maß für die Abhängigkeit des Unternehmens von wenigen Großkunden:

- die Diagonale in Fall 1 ist die theoretische Situation der Gleichverteilung: alle Kunden fragen dasselbe nach;
- in Fall 2 ist die Abhängigkeit gering, d.h. der Verlust der A-Kunden »nicht so schlimm«, und
- in Fall 3 mit starker Krümmung ist das Unternehmen in hohem Maße von wenigen Kunden abhängig. Springt einer dieser Kunden ab, so ist das u.U. ein katastrophales Ereignis.

Für den Grad der Krümmung gibt es kein allgemein anerkanntes Rechenverfahren. Man kann aber die Fläche unter der Kurve mit der der ganzen oder der halben Tabelle vergleichen. Man gelangt auf diese Art zum Lorenz-Konzentrationsmaß:

$$L^* = \frac{\sum_{i=1}^{n}(\sum X_{i_{kumuliert}} - \sum (\frac{\sum X_i}{n})_{kumuliert})}{n \sum X_i}$$ F 6.50

Je höher L^*, desto größer ist die strategische Abhängigkeit.

6.5. Anschaffungs- und Herstellungskosten

Vermögensgegenstände sind zu Anschaffungs- oder Herstellungskosten zu bewerten. Diese sind die Basis für viele Bewertungsvorgänge. Fragen nach Anschaffungs- oder Herstellungskosten sind in Prüfungen sehr beliebt.

Allgemeines Schema der Anschaffungskosten (IFRS und HGB praktisch übereinstimmend):

    Nettowert der Kaufsache
+ Nebenkosten der Anschaffung (z.B. Erweiterungen, Einbauten)
+ nachträgliche Kosten (z.B. Zulassung, Genehmigung)
− Kostenminderungen (Rabatte, Skonti, Boni)
= Anschaffungskosten

Zu den Anschaffungskosten gehören nur Posten, die sich dem Vermögensgegenstand eindeutig zurechnen lassen.

Unterschiede können sich aber aus der weiteren Asset-Definition der IFRS im Vergleich zum HGB sowie den Bilanzierungsverboten des § 248 Abs. 2 HGB ergeben.

Die Herstellungskosten nach HGB und IFRS

Komponente	HGB	IFRS
Materialeinzelkosten	Pflicht	Pflicht
Fertigungseinzelkosten	Pflicht	Pflicht
Sondereinzelkosten der Fertigung	Pflicht	Pflicht
Materialgemeinkosten	Wahlrecht	Pflicht
Fertigungsgemeinkosten	Wahlrecht	Pflicht
Forschungskosten	Verbot	Verbot
Entwicklungskosten	Verbot	Pflicht[1]
Verwaltungskosten • fertigungsbezogene Verwaltungskosten • allgemeine Verwaltungskosten	 Wahlrecht Wahlrecht	 Pflicht Verbot
Fremdkapitalzinsen • herstellungsbezogene Zinsen • nicht herstellungsbezogene Zinsen	 Wahlrecht Verbot	 Wahlrecht[2] Verbot
Vertriebskosten	Verbot	Verbot

1 Entwicklungskosten sind nur gemäß den Kriterien von IAS 38 ansatzpflichtig.
2 Herstellungskostenbezogene Fremdkapitalzinsen sind nur bei sogenannten »*Qualifying Assets*« ansatzfähig und bei Vorratsvermögen ausgeschlossen.

Tabelle 6.2: Die Herstellungskosten nach HGB und IFRS

Im internen Rechnungswesen werden die Herstellungskosten pro Periode berechnet, um Zuschlagssätze im Betriebsabrechnungsbogen zu bestimmen. Hier wird folgendes Mindestschema zugrunde gelegt, das keiner gesetzlichen oder sonstigen externen Regelung unterliegt:

	Fertigungslöhne	FL
+	Fertigungsgemeinkosten	FGK
+	Fertigungsmaterial	FM
+	Materialgemeinkosten	MGK
=	Herstellkosten der Produktion	HKP
+	Bestandsminderungen der Fertig- und Unfertigerzgn.	FE/UFE
−	Bestandsmehrungen der Fertig- und Unfertigerzgn.	FE/UFE
=	Herstellkosten des Umsatzes	HKU

Man bedenke, daß die hier scheinbar gleichartigen Positionen keineswegs dasselbe meinen. Im internen Rechnungswesen hat man es mit »Kosten« im eigentlichen Sinne zu tun. Beispielsweise entstehen für eine Anlage stets Zinskosten, auch dann, wenn diese mit Bargeld bezahlt (und nicht finanziert) wurde. Selbstverständlich sind in den Gemeinkosten der Herstellkostenrechnung des internen Rechnungswesens stets Zinskosten in diesem Sinne enthalten – und keinesfalls (!) Zinsaufwendungen, wie beispielsweise Zinsen, die an eine Bank oder den Fiskus gezahlt werden.

7.
Kennzahlensysteme

7.1. Das EVA-Konzept

»EVA« (Economic Value Added) ist ein von der Beratungsfirma Stern Steward & Co, New York, im Jahre 1991 entwickeltes Konzept der unternehmerischen Erfolgsbewertung. Das EVA-Konzept untersucht dabei die durch die Unternehmenstätigkeit entstandene Gesamtwertschöpfung und ist daher eigentlich nichts als eine spezielle Wertschöpfungsanalyse. Zugleich kann das EVA-Konzept als ein Kennzahlensystem betrachtet werden. Die Grundidee basiert auf den folgenden Größen:

NOPAT: der Net Operating Profit After Taxes entspricht im wesentlichen dem Gewinn nach Steuern, d.h. dem Jahresüberschuß der GuV-Rechnung;

NOA: die Net Operating Assets sind die Summe der tatsächlich eingesetzten Vermögensgegenstände, was im wesentlichen dem betriebsnotwendigen Kapital entspricht, sowie

CoC: Cost of Capital, was grundsätzlich die Fremdkapitalaufwendungen meint. Das EVA-Konzept macht nicht die »typisch deutschen« spitzfindigen Unterscheidungen nach Aufwand und Kosten.

Visualisierung:

NOPAT
(Net Operating Profit After Taxes)

Rechenweg und Grundkonzept:
$$EVA = NOPAT - NOA \times CoC \quad (\text{F 7.1})$$

NOA
(Net Operating Assets)

CoC
(Cost of Capital)

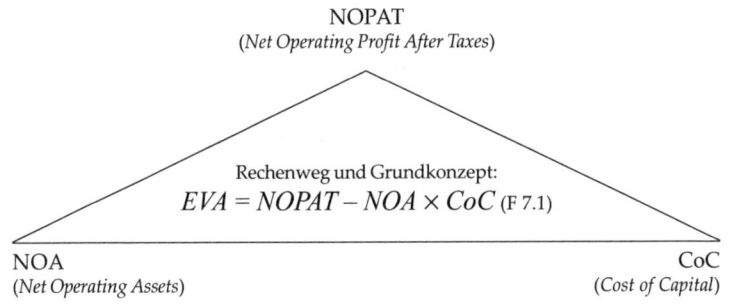

Abbildung 7.1: Das EVA-Konzept

Nur wenn der mit dem kapitalisierten Vermögen NOA × CoC errechnete Mindestgewinn vom tatsächlichen Gewinn (NOPAT) übertroffen wird, wurde ein »realer« Wert geschaffen, also eine Wertschöpfung erzielt. Dieses Konzept des »Übergewinnes« ähnelt dem Grundgedanken der Mindestrentabilität R_{min} und setzt mehrere Rechenschritte (»Conversions«) voraus:

- *Operating Conversion*: Ausscheidung von nichtbetrieblichen Größen aus der Erfolgs- und Vermögensrechnung (insbesondere unverwendete Vermögensgegenstände und neutrale Aufwendungen und Erträge);
- *Funding Conversion*: Bewertung aller Finanzierungen nach dem Grundsatz der wirtschaftlichen Betrachtung (insbesondere bei Leasing), d.h. die Zurechnung von Finance-Leasing-Gegenständen zum Leasingnehmer (IAS 17, § 39 AO);
- *Tax Conversion*: Anpassung der Steuerlast an die in den beiden vorherigen Schritten veränderten Gewinn- und Vermögensgrößen, was insbesondere den Ausweis latenter Steuern aufgrund abweichenden Steuerwertes nach IAS 12 meint, sowie
- *Shareholder Conversion*: Einbezug von Vermögenswerten, die bei der traditionellen Rechnungslegung unberücksichtigt bleiben (z.B. Aktivierung von Ausbildung, Forschung und Entwicklung), sowie Bewertungsdifferenzen im Anlage- und Umlaufvermögen (z.B. Willkürreserven), was im Rahmen eines IFRS-Abschlusses ein viel geringfügigerer Schritt ist als im Zusammenhang mit einem HGB-Abschluß.

Die Conversions machen aus dem Modell des Rechnungswesens ein wirtschaftliches Leistungsmodell:

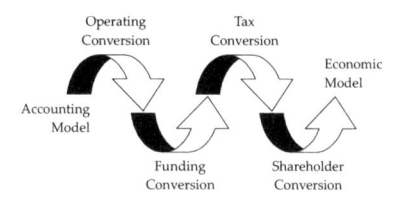

Abbildung 7.2: Durch Conversions wird aus dem EVA-Konzept ein wirtschaftliches Modell

Die Cost-of-Capital-Größe (CoC) ist problematisch, weil

- Kapitalaufwendungen wie Fremdkapitalzinsen kein wahres Bild der Inanspruchnahme des Faktors »Kapital« vermitteln und
- Kapitalkosten i.S.v. F 4.13 in vielen Unternehmen nicht vorliegen.

Eine Hilfslösung ist in diesem Zusammenhang oft »Weighed Average Cost of Capital« (WACC):

$$WACC = \frac{EK_M}{GK_M} \times i_{EK} + \frac{FK_M}{GK_M} \times i_{FK} \times (1 - KSt\%)$$ F 7.2

In manchen Berechnungsbeispielen findet man die Formel auch noch weiter ausdifferenziert, z.b. indem den thesaurierten Gewinnen, den Kapitalrücklagen und verschiedenen Aktiengattungen und verschiedenen Arten von Verbindlichkeiten wie z.b. den Anleihen unterschiedlich hohe Zinsen zugewiesen werden. Die WACC-Größe bietet eine Durchschnittsverzinsung, wobei ein Mittelwert aus Eigen- und Fremdkapitalverzinsung entspricht. Dies führt unter den Rahmenbedingungen des internen Rechnungswesens jedoch zu einer zu geringen Verzinsung, weil hier die Schuldzinsen, also Aufwendungen, anstelle der wirklichen Kosten, d.h. kalkulatorischen Zinsen, eingesetzt werden. Der durch WACC ermittelte Betrag bietet also keine wirkliche Richtschnur, welcher Betrag insgesamt am Markt in Form von Zinsen als Return ersetzt werden müßte. Die WACC-Methode ignoriert damit den der Kostenrechnung fundamental zugrundeliegenden Unterschied zwischen Aufwendungen (Fremdkapitalzins) und Kosten (Vermögenszins). Dies schränkt die Brauchbarkeit der WACC-Rechnung im Rahmen deutscher Unternehmen stark ein.

Aus dem EVA-Wert kann MVA errechnet werden:

   Barwert der EVAs
+ Barwert der Restwerte nach Planungsende
= MVA (Market Value Added)
+ NOA (Net Operating Assets)
− Fremdkapital
= Unternehmenswert (Eigenkapital; Equity)

Die MVA-Größe entspricht dem betrieblichen Goodwill (Geschäfts- oder Firmenwert). Die Addition des NOA zum MVA entspricht dem Einbezug des Substanzwertes in die Bewertung. Dieser hat jedoch auf das Endergebnis keinen Einfluß. Die Subtraktion des Fremdkapitals ergibt den Unternehmenswert in etwa entsprechend dem Ansatz in § 247 Abs. 1 HGB. Interessant kann auch ein Vergleich mit dem Cash-flow sein.

7.2. Das Lücke-Theorem

Auch das Preinreich/Lücke-Theorem besagt, daß der Barwert (Kapitalwert) künftiger Cash-flows dem Barwert künftiger Betriebsergebnisse (eigentlich: »Residualeinkommen«) entspricht, also der Unterschied zwischen Gewinn und Zahlungsüberschüssen eigentlich null ist, allerdings nur, wenn

1. die Summe der Cash-flows der künftigen Einzahlungen der des operativen Ergebnisses vor kalkulatorischen Zinsen entspricht und
2. das Vermögen am Beginn einer jeden Periode der Differenz zwischen operativem Ergebnis und akkumuliertem Cash-flow entspricht, was auch impliziert, daß das betrachtete Vermögen am Ende einer Periode dem Vermögen am Beginn der Folgeperiode entspricht (Bilanzidentität).

Man betrachtet dieses theoretische Postulat am besten mit einem *Beispiel*: Ein Investor legt in Periode null ($t = 0$) eine Summe von 1.000 Euro produktiv an. Er rechnet mit einer kalkulatorischen Kapitalverzinsung von 15 % p.a., die er auf dieses Unternehmen anwenden will. Er muß, um seine Investition zu betreiben, pro Rechnungsperiode (Jahr) zudem 600 Euro zahlungsgleiche Aufwendungen rechnen (z.b. für Löhne, Material usw.). Dafür erhält er aber in jedem Jahr einen Zahlungsüberschuß von 1.000 Euro, was einem Zahlungsüberschuß (Cash-flow) von 400 Euro entspricht:

Periode:	1	2	3	4	5
Einzahlungen:	1.000,00 €	1.000,00 €	1.000,00 €	1.000,00 €	1.000,00 €
Auszahlungen:	600,00 €	600,00 €	600,00 €	600,00 €	600,00 €
Cash-flow:	400,00 €	400,00 €	400,00 €	400,00 €	400,00 €

Das Lücke-Theorem behauptet nun, daß der Barwert dieser (künftigen) Cash-flows dem der künftigen Gewinne entspricht. Wir berechnen daher zunächst den Kapitalwert der Cash-flows:

Periode:	1	2	3	4	5
Einzahlungen:	1.000,00 €	1.000,00 €	1.000,00 €	1.000,00 €	1.000,00 €
Auszahlungen:	600,00 €	600,00 €	600,00 €	600,00 €	600,00 €
Cash-flow:	400,00 €	400,00 €	400,00 €	400,00 €	400,00 €
Abzinsungsfaktoren:	0,86957	0,75614	0,65752	0,57175	0,49718
Barwert:	347,83 €	302,46 €	263,01 €	228,70 €	198,87 €

Der Kapitalwert ergibt sich hier aus 347,83 + 302,46 + 263,01 + 228,70 + 198,87 − 1.200,00 = 140,86 Euro. Dies ist im Grunde nichts als eine traditionelle Kapitalwertrechnung, die aus der Investitionsrechnung bekannt ist.
Die hier ermittelte Summe soll aber den zukünftigen Gewinnen vor Berechnung der kalkulatorischen Zinskosten entsprechen. Hierzu machen wir folgende Rechnung auf:

- Die Abschreibung hat nichts mit dem Cash-flow zu tun, gehört aber in das operative Jahresergebnis. Aus Vereinfachungsgründen nehmen wir eine lineare Abschreibung auf einen Restwert von null über die fünf Jahre an. Auf den Unterschied zwischen kalkulatorischer und bilanzieller Abschreibung wollen wir hier ebenfalls aus Vereinfachungsgründen nicht eingehen;
- das operative Ergebnis ergibt sich, wenn man vom Cash-flow die Abschreibung abzieht;

- das Vermögen macht bei $t = 0$ die Investitionssumme von 1.200 Euro aus und mindert sich jede Periode um die Abschreibung;
- die kalkulatorischen Zinsen betragen 15 % vom Vermögen, was bereits eine Verbesserung der sonst oft üblichen Vereinfachungsformel darstellt;
- das Residualergebnis ergibt sich, wenn man die kalkulatorischen Zinsen vom operativen Ergebnis abzieht.

Das ergibt folgende Rechnung:

Periode:	1	2	3	4	5
Einzahlungen:	1.000,00 €	1.000,00 €	1.000,00 €	1.000,00 €	1.000,00 €
Auszahlungen:	600,00 €	600,00 €	600,00 €	600,00 €	600,00 €
Abschreibungen:	240,00 €	240,00 €	240,00 €	240,00 €	240,00 €

7.3. Das DuPontsche Kennzahlensystem

Gesamtschema des DuPontschen Kennzahlensystems:

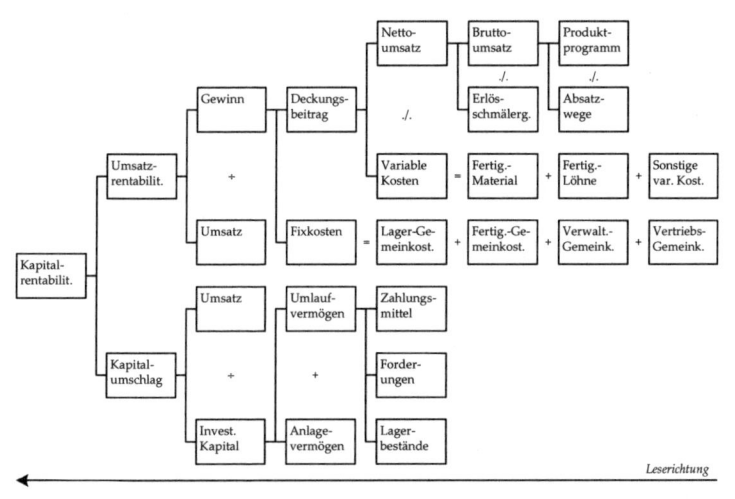

Abbildung 7.3: Das DuPontsche Kennzahlensystem

Dieses Kennzahlensystem ist eine relativ einfache Zusammenfassung grundlegender betrieblicher Größen. Sein Vorteil ist die leichte Handhabbarkeit. Sein wesentlicher Nachteil ist, daß grundlegende Begriffsdefinitionen ignoriert werden. So rechnet das Kennzahlensystem die Zinsaufwendungen in die Kosten und ignoriert die kalkulatorischen Kosten. Es muß daher an die gegebenen betrieblichen Erfordernisse und gegebenenfalls an vorausgesetzte Definitionen angepaßt werden. Es sachgerecht anzuwenden ist also aufwendiger, als die einfache Grundstruktur zunächst vermuten läßt!

Beispiel: Mit dem DuPont'schen Kennzahlensystem kann man gut den Zusammenhang vieler Größen demonstrieren. Eine Unternehmung lege am Schluß eines Berichtsjahres die folgende Bilanz vor:

Beispiel DuPont

Aktiva		Passiva	
Sachanlagevermögen	8.500	gezeichnetes Kapital	5.000
Finanzanlagen	2.500	Rücklagen	3.000
Lagerbestand	2.000	kurzfr. Rückstellungen	1.000
Forderungen	6.300	langfr. Darlehen	7.000
Geldmittel	700	Lieferverbindlichk.	4.000
	20.000		20.000

Zudem gelten die folgenden zusätzlichen Daten:

- Insgesamt wurde ein Umsatz von 50.000 Euro erzielt. Dieser wurde jedoch durch Erlösschmälerungen von 300 Euro z.B. aus Kundenrücksendungen und Mängelrügen sowie durch Absatzwegekosten in Höhe von 700 Euro verringert. Diese beiden Werte wurden vom Umsatz abgesetzt (also nicht als Aufwendungen gebucht).
- Für ein schwebendes Gerichtsverfahren, das kurz vor dem Ende steht, und für unterlassene Instandhaltungen, die im Folgejahr nachgeholt werden sollen, wurden Rückstellungen gebildet.
- Die Rohstoffkosten betrugen 14.000 Euro und die Produktivlohnkosten 12.000 Euro; ferner sind Energieaufwendungen im Produktivbereich i.H.v. 1.000 Euro entstanden.
- Der Zuschlagssatz im Produktivbereich beträgt laut BAB 125 % (ohne Berücksichtigung der Energiekosten) und die sonstigen Kosten im Lager betragen 2.000 Euro. Weiterhin wurde festgestellt, daß die Verwaltungsgemeinkosten 1.200 Euro betragen und die Vertriebsgemeinkosten 1.800 Euro.
- Die Gemeinkosten des vorstehenden Punktes gelten in dieser Aufgabe vereinfachend stets als Fixkosten.

In der Kennzahlenanalyse ergibt sich:

A_1: 72,73 %
A_2: 136,36 %
L_1: 14,00 %
L_2: 140,00 %
L_3: 180,00 %

Die Finanzierung ist damit solide. Die erste Liquidität ist etwas gering, aber angesichts der guten zweiten Liquidität unproblematisch (die

Rückstellungen wurden jeweils mit berücksichtigt). Insgesamt läßt das auf eine schlechte Zahlungsmoral der Auftraggeber schließen. Also sollte das Mahnwesen verbessert werden. Aus der dritten Liquidität von 180 % kann mangels Brancheninformationen wenig geschlossen werden. Weitere Aufschlüsse vermittelt das Kennzahlensystem:

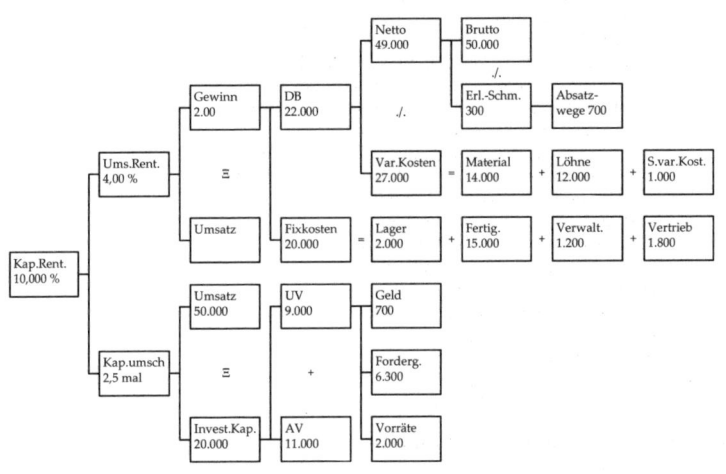

```
                                    ┌─ Netto   ┬─ Brutto
                                    │  49.000  │  50.000
                                    │          │       ./.
                    ┌─ Gewinn ┬─ DB              ├─ Erl.-Schm. ┬─ Absatz-
                    │  2.00   │  22.000   ./.    │  300        │  wege 700
       ┌─ Ums.Rent. ┤                            
       │  4,00 %    =          ┌─ Var.Kosten = ┌─ Material + ┌─ Löhne  + ┌─ S.var.Kost.
       │                       │  27.000       │  14.000     │  12.000    │  1.000
Kap.Rent.─┤        ┌─ Umsatz ┬─ Fixkosten = ┌─ Lager  + ┌─ Fertig. + ┌─ Verwalt. + ┌─ Vertrieb
10,000 %  │        │  20.000              │  2.000    │  15.000    │  1.200      │  1.800
          │                                
          │        ┌─ Umsatz ┬─ UV      ┌─ Geld
          │        │  50.000 │  9.000   │  700
          │
          │ ┌─ Kap.umsch               ┌─ Forderg.
          │ │  2,5 mal    =      +     │  6.300
          │
            ┌─ Invest.Kap. ┬─ AV     ┬─ Vorräte
            │  20.000      │  11.000 │  2.000
```

Abbildung 7.4: Das DuPont'sche Kennzahlensystem zum vorstehenden Zahlenbeispiel

Die Gesamtkapitalrentabilität ist mit 10 % zu niedrig (und die Umsatzrentabilität ist erst recht zu klein), denn beide liegen vermutlich deutlich unter der Mindestrentabilität (R_{min}). Bezogen auf das Eigenkapital ergibt sich aber eine Rentabilität von 25 %. Das ist ein gutes Ergebnis aus Sicht der Anteilseigner.

Der hohe Anteil variabler Kosten läßt nur eine geringe Stückkostendegression zu. Das verschlechtert die Wettbewerbsfähigkeit. Gegebenenfalls sollte über ein Kostenmanagement nachgedacht werden, das die variablen Kosten (insbesondere Löhne) durch Automatisierung und Computerintegration zugunsten von Kapitalkosten abbaut.

Das *folgende Beispiel* demonstriert, wie mit Hilfe eines Kennzahlensystems eine Gesamtbeurteilung eines Unternehmens durchgeführt werden kann. Das Beispiel demonstriert, wie scheinbar heterogene Informationen zu einem sinnvollen Ganzen zusammengefügt werden, und simuliert damit die Herangehensweise vieler Prüfungsaufgaben.

Ein Unternehmen der Automobilbranche legt an einem Bilanzstichtag die folgende GuV-Rechnung vor:

1. Umsatzerlöse   54.000 T€
2. Erhöhung/Verminderung des Bestandes an fertigen und unfertigen Erzeugnissen   5.000 T€
4. sonstige betriebliche Erträge   1.000 T€

5. Materialaufwand:
   a) Aufwendungen für Roh-, Hilfs- und Betriebsstoffe   16.000 T€
   b) Aufwendungen für bezogene Leistungen   2.000 T€
6. Personalaufwand:
   a) Löhne und Gehälter   12.000 T€
   b) soziale Abgaben und Aufwendungen für
      Altersversorgung und für Unterstützung   3.000 T€
7. Abschreibungen:
   a) auf immaterielle Vermögensgegenstände des
      Anlagevermögens und Sachanlagen sowie auf
      aktivierte Aufwendungen für die Ingangsetzung
      und Erweiterung des Geschäftsbetriebes   15.000 T€
   b) auf Vermögensgegenstände des Umlaufvermögens,
      soweit diese die in der Kapitalgesellschaft üblichen
      Abschreibungen überschreiten   1.000 T€
8. sonstige betriebliche Aufwendungen   8.000 T€
12. Abschreibungen auf Finanzanlagen und auf
    Wertpapiere des Umlaufvermögens   1.000 T€
13. Zinsen und ähnliche Aufwendungen   5.000 T€
14. Ergebnis der gewöhnlichen Geschäftstätigkeit   -3.000 T€
15. außerordentliche Erträge   1.000 T€
16. außerordentliche Aufwendungen   5.000 T€
17. außerordentliches Ergebnis   -4.000 T€
20. Jahresfehlbetrag des Berichtszeitraumes   -7.000 T€

Im gleichen Abrechnungszeitraum wird vom Unternehmen die folgende Bilanz vorgelegt:

Aktiva

A. Anlagevermögen
   I. immaterielle Vermögensgegenstände
      1. Konzessionen, gewerbliche Schutzrechte   4.000 T€
   II. Sachanlagen
      2. technische Anlagen und Maschinen   20.000 T€
      3. andere Anlagen, Betriebs- und Geschäftsausstattung 6.000 T€
   III. Finanzanlagen
      5. Wertpapiere des Anlagevermögens   1.000 T€
B. Umlaufvermögen
   I. Vorräte
      1. Roh-, Hilfs- und Betriebsstoffe   4.000 T€
      3. fertige Erzeugnisse   6.000 T€
   II. Forderungen und sonstige Vermögensgegenstände
      1. Forderungen aus Lieferungen und Leistungen   5.000 T€
      4. sonstige Vermögensgegenstände   1.000 T€
   IV. Schecks, Kassenbestand, Guthaben bei Kreditinstituten 1.000 T€
                                                          48.000 T€

Passiva

A. Eigenkapital
   I. Gezeichnetes Kapital   18.000 T€
   II. Kapitalrücklagen   5.000 T€
   V. Jahresfehlbetrag   -7.000 T€

B. Rückstellungen
3. Sonstige Rückstellungen   2.000 T€
C. Verbindlichkeiten
2. Verbindlichkeiten gegenüber Kreditinstituten   20.000 T€
4. Verbindlichkeiten aus Lieferungen und Leistungen   6.000 T€
8. Sonstige Verbindlichkeiten   4.000 T€
   davon aus Steuern   1.000 T€
   davon im Rahmen der sozialen Sicherheit   2.000 T€
                                                       48.000 T€

Außerdem gelten die folgenden zusätzlichen Informationen und Daten, die aus dem Anhang zum Jahresabschluß zusammengefaßt worden sind:

- Die Forderungen aus Lieferungen und Leistungen betrugen am Anfang des Berichtszeitraumes 10.000 TEuro und am Ende nur noch 8.000 TEuro.
- In eine Rückstellung für ein schwebendes Gerichtsverfahren wurden 2.000 TEuro eingestellt. Mit einem Urteil wird noch im laufenden Jahr gerechnet.
- Aus dem Verkauf von Altanlagen unter ihrem Wert wurde ein Verlust von 3.000 TEuro erwirtschaftet, der Teil der Zeile 16 der GuV-Rechnung ist.
- Erlösschmälerungen von 1.000 TEuro und Absatzwegekosten von 500 TEuro wurden im Berichtsjahr abgerechnet, sind aber aus der GuV-Rechnung nicht separat ersichtlich.
- Steuervorauszahlungen zur Körperschaftsteuer wurden im Berichtszeitraum nicht geleistet; mit der Festsetzung einer Steuerschuld wird auch nicht gerechnet.
- Die sonstigen betrieblichen Erträge aus Zeile 4 der vorstehenden GuV-Rechnung betreffen die Vermietung einer nicht benötigten Maschine. Sie gehören nicht zu den Umsatzerlösen.
- Die »sonstigen Vermögensgegenstände« aus Position B II 4 der vorstehenden Bilanz sind Forderungen gegen Mitarbeiter für den vergünstigten Erwerb von Produkten.
- Die »Verbindlichkeiten gegenüber Kreditinstituten« des vorstehenden Darlehens sind ein langfristiges Darlehen; alle anderen Verbindlichkeiten sind kurzfristiger Natur.
- Der Verlust des abgerechneten Jahres soll durch eine Kapitalherabsetzung abgerechnet werden. Derzeit ist kein Nachschuß durch die Gesellschafter geplant.
- In Zeile 6a der vorstehenden GuV-Rechnung sind 10.000 TEuro Lohn-Einzelkosten enthalten; bei dem Rest handelt es sich um Lohn-Gemeinkosten.
- Die in Zeile 5a und 5b ausgewiesenen Materialaufwendungen sind in voller Höhe Materialeinzelkosten.
- In Zeile 8 der vorstehenden GuV-Rechnung sind 2.000 TEuro variable Fertigungsgemeinkosten wie Energie- und Kühlwasserversorgung enthalten; der Rest kann als Fixkosten betrachtet werden.
- Der Zuschlagssatz im Lohnbereich betrage 160 % und der Zuschlagssatz im Materialbereich 10 %. Da die Zuschlagssätze laut BAB nur Kosten (und keine Aufwendungen!) berücksichtigen, sind sie nicht aus der GuV-Rechnung ersichtlich.
- In Zeile 8 der GuV-Rechnung sind 1.400 TEuro Verwaltungsgemeinkosten und 3.300 TEuro Vertriebsgemeinkosten enthalten.

Zunächst soll die Finanzlage des Unternehmens ermittelt werden. Insbesondere soll festgestellt werden, wieviel Geld dem Unternehmen für Schuldentilgung, Investitionen oder Entnahme durch die Gesellschafter zur Verfügung stand. Weiterhin sollen die wichtigsten Erfolgskennzahlen ermittelt werden. Aus den Ergebnissen soll eine Zusammenfassung über die Lage des Unternehmens, soweit aus dem Abschluß ersichtlich, erstellt werden.

Zur Ermittlung der Finanzlage sollte eine Cash-flow-Rechnung durchgeführt werden. Hier sind wiederum zwei Rechenwege möglich, ein direkter und ein indirekter. Die direkte Cash-flow-Rechnung wäre also:

zahlungsgleiche Erträge:	
Umsatzerlöse (zahlungsgleich)	56.000,00 T€
sonstige betriebliche Erträge	1.000,00 T€
außerordentliche Erträge	1.000,00 T€
− **zahlungsgleiche Aufwendungen:**	
Materialaufwand (Pos. 5a und 5b)	18.000,00 T€
Personalaufwand (Pos. 6a und 6b, soweit zahlungsgleich)	15.000,00 T€
sonstige betriebliche Aufwendungen (soweit zahlungsgleich)	6.000,00 T€
Zinsen und ähnliche Aufwendungen	5.000,00 T€
außerordentliche Aufwendungen (soweit zahlungsgleich)	2.000,00 T€
= **Cash-flow**	**12.000,00 T€**

Die indirekte Cash-flow-Rechnung sähe so aus:

Jahresüberschuß des Berichtszeitraumes	−7.000,00 T€
+ **zahlungsungleiche Aufwendungen:**	
Abnahme von Forderungen aus Umsatzerlösen	2.000,00 T€
Einstellungen in andere Rückstellungen ohne Steuern	2.000,00 T€
Abschreibungen des Berichtszeitraumes (Pos. 7a)	15.000,00 T€
Abschreibungen des Berichtszeitraumes (Pos. 7b)	1.000,00 T€
Abschreibungen des Berichtszeitraumes (Pos. 12)	1.000,00 T€
Zahlungsungleiche außerordentl. Aufwendungen	3.000,00 T€
− **zahlungsungleiche Erträge:**	
Bestandserhöhungen an Fertig- und Unfertigerzeugnisse:	5.000,00 T€
= **Cash-flow**	**12.000,00 T€**

Eine weitergehende Auswertung etwa im Sinne der Kapitalflußrechnung nach IAS, ist im vorliegenden Rahmen nicht möglich.

Das Beispiel zeigt gut, daß selbst Unternehmen, die Verlust erwirtschaften, noch Mittel freisetzen können. »Bumping along the Ground« als steuerlich motivierte Gewinnminimierung gegen null kann hier als Paradigma besonders in Hochsteuergebieten eingeführt bzw. demonstriert werden. Ob dies allerdings auch eine »gesunde« Lage ist, wird sich weiter unten zeigen.

In der Kennzahlenanalyse ergibt sich:

A_1:	51,612903 %
A_2:	116,129032 %
L_1:	8,33333 %
L_2:	58,33333 %
L_3:	141,66667 %

Eine alternative Beurteilung des Erfolges wäre:
EBIT: −2.000 T€

Mögliche Ergebnisse sind:

- Die Anlagedeckung ist unauffällig, also »gesund«. Unter Maßgabe der wirtschaftlichen Lage in den neuen Bundesländern kann man eher von einer sehr guten Anlagedeckung sprechen und einen in der Vergangenheit positiven Geschäftsverlauf vermuten.
- Die schlechte erste Liquidität ist bedrohlich, weil die absolut verfügbaren Geldmittel kleiner sind als die »Davon«-Positionen bei C8, also die kürzestfristigen Verbindlichkeiten. Die absolute Untergrenze bei den verfügbaren Geldmitteln ist also unterschritten. Dieses Unternehmen befindet sich daher in akuter Insolvenzgefahr.
- Die schlechte zweite Liquidität läßt auf eine gegenwärtig schlechte Auftragslage schließen. Das verschärft das Bild einer gegenwärtigen konjunkturellen Abwärtsbewegung.
- Dieses vorläufige Ergebnis wird auch von der insgesamt schlechten Rentabilität gestützt.
- Das Unternehmen setzt noch Mittel frei, lebt aber »von der Substanz«. Entweder hat sich der Markt gegen dieses Unternehmen gewandt, oder die Produkte sind nicht attraktiv – die Prognose ist jedenfalls negativ. Die DuPont- oder sonstige Kennzahlenauswertung ergänzt also das durch die Cash-flow-Rechnung gefundene zunächst eher positiv scheinende Bild.

Die Berechnung vertikaler Kennziffern ist ohne Branchenvergleich wenig sinnvoll. Die Insolvenzgefahr ist aber absolut und angesichts der aggressiven Klagewut mancher Krankenkasse real. Die absolut und relativ geringe Summe der Zinsaufwendungen ist positiv zu bemerken.

7.4. Kennzahlensysteme zur Bonitätsprüfung

Bonität ist die Fähigkeit eines Schuldners, seinen Verpflichtungen vollständig und zeitgerecht nachzukommen. Durch das Basel-II-Abkommen, das Banken verpflichtet, ausgereichte Kredite mit mehr Eigenkapital zu unterlegen, wenn die Bonität des Kreditnehmers schlechter ist, hat die Bedeutung der Bonitätsbeurteilung massiv zugenommen. Kennzahlensysteme können bei dieser Beurteilung nützlich sein. Allerdings haben sich hier spezielle Kennzahlensysteme entwickelt. Traditionelle Rechenverfahren eignen sich nicht.

Ein einfaches Beispiel für ein bonitätsorientiertes Kennzahlensystem ist die Berechnung des Erfolges vor Zinsen und Steuern. Das System er-

Ertrags-steuern		Ordentl. Erfolg	Betriebliche Leistungen	Umsatz-erlöse
Zins-aufwand	Erfolg vor Zinsen und Steuern	Finanz-erfolg und sonst. Ertr.		Bestands-änderungen
Eigenkap.-Rechnung: Anfang + Einlagen – Entnahm. + Umbuch. = Schluß		Außerord. Aufwand		Andere a.o. Erträge
			Betriebliche Aufwendg.	Material-aufwand
		Außerord. Ertrag		Personal-aufwand
				Ordentl. Abschreib.
				Sonstige Aufwendg.

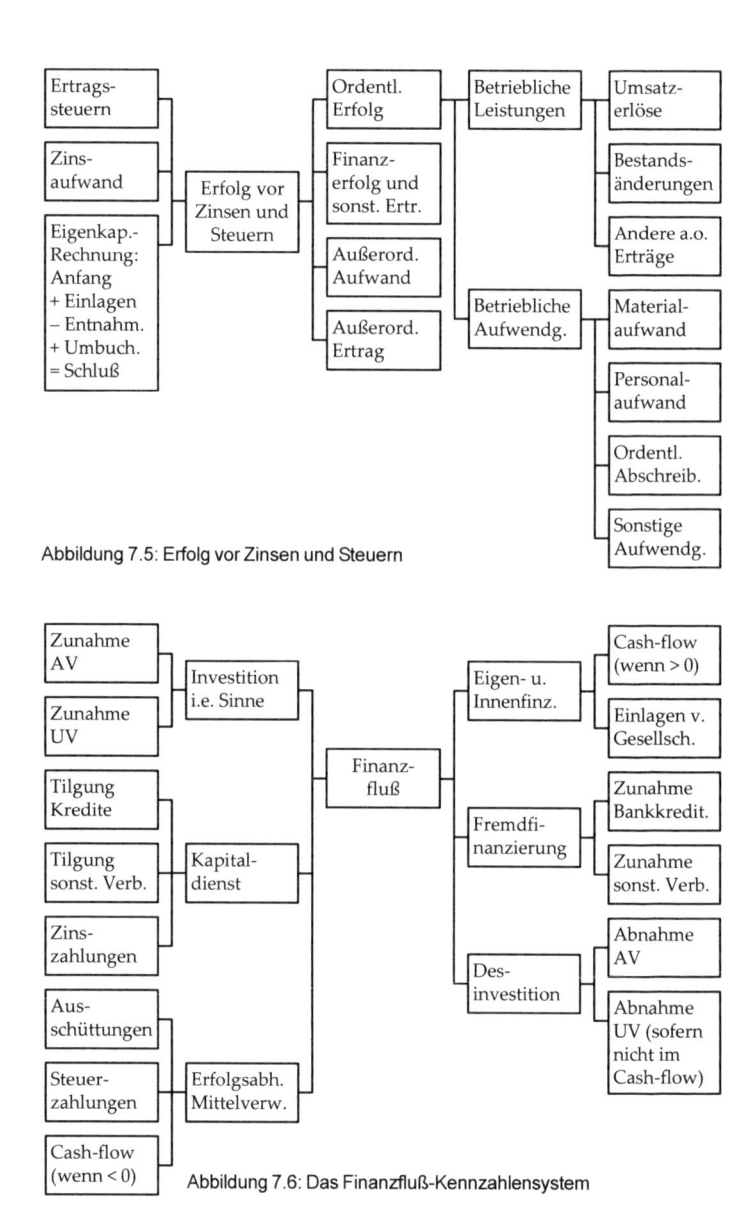

Abbildung 7.5: Erfolg vor Zinsen und Steuern

Zunahme AV	Investition i.e. Sinne		Eigen- u. Innenfinz.	Cash-flow (wenn > 0)
Zunahme UV				Einlagen v. Gesellsch.
Tilgung Kredite		Finanz-fluß	Fremdfinanzierung	Zunahme Bankkredit
Tilgung sonst. Verb.	Kapital-dienst			Zunahme sonst. Verb.
Zins-zahlungen			Des-investition	Abnahme AV
Aus-schüttungen				Abnahme UV (sofern nicht im Cash-flow)
Steuer-zahlungen	Erfolgsabh. Mittelverw.			
Cash-flow (wenn < 0)				

Abbildung 7.6: Das Finanzfluß-Kennzahlensystem

mittelt die betrieblichen Aufwendungen und Leistungen im rechten Teil und stellt eine selbständige Eigenkapitalrechnung im linken Teil auf. Der Ergebniswert ähnelt der EBIT-Größe und gibt Auskunft darüber, wieviel Geld dem Unternehmen vor der Inanspruchnahme durch Kreditgeber und den Fiskus zur Verfügung steht (gegenüberstehende Seite oben). Eine Weiterführung ist das Finanzfluß-Kennzahlensystem, das einen dem Cash-flow ähnlichen Ergebniswert ermittelt (gegenüberstehende Seite unten).

7.5. Das Stuttgarter Verfahren

Das »Stuttgarter Verfahren« ist kein Kennzahlensystem im eigentlichen Sinne, sondern ein steuerliches Bewertungsverfahren für GmbH-Anteile. Da im übrigen kein anerkanntes Verfahren für die Bewertung von GmbH-Anteilen existiert, wurde und wird es oftmals als vertragliche Grundlage z.B. bei Unternehmenskäufen verwendet.

Das Verfahren wurde eigentlich 1953 für Zwecke der damaligen Vermögensteuer eingeführt, wird aber durch die Abschaffung der Vermögensteuer ab 1997 im wesentlichen nur noch für die Bewertung von Unternehmensanteilen im Rahmen der Erbschaftsteuer angewandt. Es entfaltet damit eine quasi-gesetzliche Wirkung für die steuerliche Unternehmensbewertung, die auf die anderen Rechtsgebiete ausstrahlt. Fundstellen sind Abschnitte 4–14 VStR, die insofern »inoffiziell« fortgelten.

Zunächst müssen der Vermögenswert und der Ertragshundertsatz berechnet werden.

Rechenschema für den Vermögenswert: Grundlage ist der Einheitswertbescheid der (damaligen) Vermögensteuer, plus/minus Korrekturfaktoren, insbesondere:

- \+ nach Doppelbesteuerungsabkommen befreites Auslandsvermögen
- \+ steuerfreie Schachtelbeteiligung
- − in der Vermögensaufstellung ausgewiesener Firmenwert und firmenwertähnliche Wirtschaftsgüter
- − mit steuerfreiem Vermögen in Zusammenhang stehende Schulden
- − gemeiner Wert der Beteiligungen an anderen Kapitalgesellschaften abzüglich der hiermit in Zusammenhang stehenden Schulden
- = maßgebliches Vermögen

Hier gilt:

$$VW = \frac{Ma\beta gebliches\,Verm\ddot{o}gen}{Nennkapital} \qquad F\ 7.3$$

Rechenschema für den Ertragshundertsatz: Grundlage ist das zu versteuernde Einkommen gemäß §§ 7, 8 KStG der letzten drei Jahre, wiederum plus/minus Korrekturfaktoren, insbesondere:

+ Sonderabschreibungen und erhöhte AfA
+ Bewertungsabschläge
+ Zuführung zu steuerfreien Rücklagen
+ Teilwertabschreibungen
+ Absetzungen auf den Firmenwert
+ Verlustabzug (Rücktrag oder Vortrag)
+ steuerfreie Einnahmen
+ Investitionszulagen (z.b. nach dem Investitionszulagegesetz)
+ Einkommensminderungen aufgrund von Beteiligungen an anderen Kapitalgesellschaften
− Einkommenserhöhungen aufgrund von Beteiligungen an anderen Kapitalgesellschaften
− einmalige Veräußerungsgewinne, Auflösung steuerfreier Rücklagen
− Aufsichtsratsvergütungen zu ½
− übrige nicht abzugsfähige Ausgaben
− Abschlag wegen persönlichen Einsatzes des Gesellschafter-Geschäftsführers
= korrigiertes Betriebsergebnis eines jeden Jahres Bildung des Durchschnittsertrages
− Abschlag 15 %
= ausschüttungsfähiger Jahresertrag

Hier gilt:

$$EH = \frac{Ausschüttungsfähiger\ Ertrag}{Nennkapital} \qquad F\ 7.4$$

Die Berechnung des »gemeinen Wertes« aus diesen beiden Ausgangswerten:

$$GW = 0{,}68 \times (VW + 5 \times EH) \qquad F\ 7.5$$

7.6. Die Balanced Scorecard

Etwa mit »ausgewogene Anzeigetafel« zu übersetzen ist die Balanced Scorecard (BSC), ein strategisches Instrument der internen Unternehmenssteuerung, das Anfang der neunziger Jahre von Robert S. Kaplan und David P. Norton im Rahmen eines Forschungsprojektes zur Leistungsmessung (»Performance Measurement«) von Unternehmen entwickelt wurde. Grundsätzlich ist auch eine Balanced Scorecard »nur« ein Kennzahlensystem, das aber neben den üblichen finanziellen Kennzahlen wie Rentabilität oder Gewinn auch Maßgrößen zur Beschreibung der Wettbewerbsposition (z.B. Kundenzufriedenheit, Kundentreue, Marktanteil) und zur Effizienz der Führungs- und Arbeitsorganisation (z.B. Arbeitsproduktivität, Ausschuß, Störungsquote) enthalten kann.

Anders als ein »traditionelles« Kennzahlensystem eignet sich die Balanced Scorecard daher auch zur Führung durch Zielvereinbarung (Management by Objectives), etwa im Qualitätsmanagement. Sie kann daher insbesondere auch im Total Quality Management (TQM) als numerisches Grundgerüst des kontinuierlichen Verbesserungsprozesses dienen.

Gemeinsames Merkmal des Grundansatzes der Balanced Scorecard ist, daß es kein einziges richtiges System zur Aufstellung des Datensystemes gibt; vielmehr ist eine den jeweiligen strategischen Bedürfnissen angemessene Kontruktion zu finden und gegebenenfalls von Zeit zu Zeit neuen Oberzielen anzupassen. Ein einfaches Beispiel wäre:

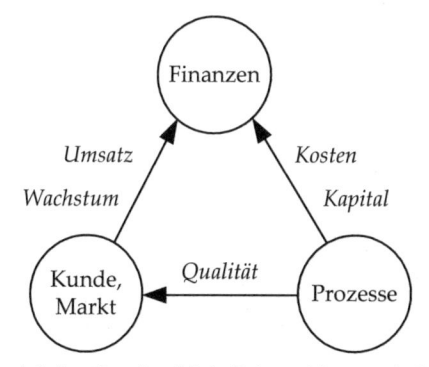

Abbildung 7.7: Ein einfaches Grundmodell der Balanced Scorecard mit drei Sichtweisen

Da die BSC kein »normales« Kennzahlensystem ist, gibt es auch keine starre Definition der zu verwendenden Kennzahlen. Der Anwender muß sich also selbst überlegen, welche Kennzahlen gerade in seiner Situation angemessen und aussagekräftig sind. Das macht das BSC-Verfahren zwar schwierig, aber auch nützlich.

Wichtige Kennzahlen der Finanzperspektive könnten beispielsweise sein:

- Unternehmenswert, evtl. Börsenkapitalisierung o.ä.
- verschiedene Renditekennziffern (Gesamtkapital, Eigenkapital usw.)
- Kapitalkosten oder -aufwendungen
- Umsatzrendite
- Wachstum des Umsatzes pro Zeiteinheit

- Cash-flow
- Liquidität
- Debitorenfrist (durchschnittliche Zahlungsfrist)
- Anteil der Fixkosten am Umsatz
- dynamischer Verschuldungsgrad

Typische Kennzahlen der Markt- bzw. Kundenperspektive wären etwa:

- Anzahl der Kundenreklamationen
- Anzahl der Neukunden-Kontakte
- Anzahl der Vertriebsmitarbeiter
- verschiedene Maßzahlen für Kundenzufriedenheit
- Anteil der Stammkunden
- Kundentreue und Kennziffern der Kundenbindung
- durchschnittliche Auftragsgröße pro Kunde
- Auftragseingang bspw. pro Kunde oder pro Zeiteinheit oder pro Vertriebsmitarbeiter
- Marktanteil
- Akquisitionserfolgsquote
- Werbeerfolgsquote
- Werbung in % des Umsatzes
- Anzahl der (positiven) Erwähnungen des Unternehmens in den Medien

Kennzahlen der Prozeßperspektive könnten beispielsweise sein:

- Lieferzuverlässigkeit (= Anteil termingerechter und sachlich richtiger Auslieferungen)
- Lagerreichweite (= Verfügbarkeitsquote)
- diverse andere Kennziffern der Disposition
- Produktivität und Produktionskennzahlen (z.B. die diversen Produktionskoeffizienten)
- Kennziffern des Deckungsbeitrages wie Deckungsbeitrag pro Mitarbeiter, pro Kunde usw.
- Time to Market: Zeit von der Entwicklung bis zum ersten Verkauf
- Anteil Verwaltungsmitarbeiter an der Gesamtbelegschaft
- Anzahl der Kunden, Lieferanten, Projekte usw.

Zu einem grundlegenden Beispiel vgl. Tabelle 7.1.

Der größte Vorteil der BSC-Methode ist ihre Flexibilität. Da bei der Balanced Scorecard – anders als bei jedem »traditionellen« Kennzahlensystem – nichts vorgegeben ist, muß der Bearbeiter die Situation seines Unternehmens präzise erfassen und die BSC genau darauf abstimmen, was erreicht werden soll. Das macht die Methode schwierig, aber auch sehr leistungsfähig.

Dies betrifft bereits die grundlegenden Sichtweisen. So sind die drei Perspektiven, die oben eingeführt wurden, nur eine mögliche Art, eine Balanced Scorecard aufzuziehen – aber bei weitem nicht die einzige. Ge-

Grundzüge einer unternehmensbezogenen Balanced Scorecard

\	Finanzwirtschaftliche Kernabsichten (= strategische Ziele) der Unternehmung		
strategische Ziele	mögliche Kennziffern	strategische Initiativen
• wirtschaftlicher Erfolg • Marktanteile steigern • langfr. Existenzsicherung • Kosten senken • Kostenstruktur verbessern	• Rentabilitätskennziffern • Marktpenetration • Distributionsgrad • Anteil fixe/var. Kosten • Stückkosten	• Shareholder-Value-Programme • Marketingkampagnen • Unternehmenskooperation, Out- und Insourcing • Entlassungen, Verlagerung
	Beispiele für die kunden- und marktbezogene Sichtweise	
strategische Ziele	mögliche Kennziffern	strategische Initiativen
• eindeutige Zuständigkeiten • Service verbessern • öffentliches Image verbessern • Leistung und Beurteilung der Mitarbeiter aus Sicht der Kunden verbessern	• Anteil in Stellenbeschreibung definierter Aufgaben • Anzahl Servicemitarbeiter • externes Rating durch die Stärken-Schwächen-Analyse • Schulungsquote Mitarbeiter • Beschwerdequote	• Entwicklung klarer Organigramme und Prozeßbeschreibungen • Qualitätsvereinbarungen • PR-Kampagne • leistungsorientierte Vergütung
	Beispiele für die interne Prozeßperspektive	
strategische Ziele	mögliche Kennziffern	strategische Initiativen
• Erhöhung der Prozeßfähigkeit • Erhöhung der Qualitätsfähigkeit • Optimierung im Mahnwesen • Verringerung von Servicefehlern	• pozeßfähigkeitsrate • Reklamationsquote • durchschnittl. Zahlungsziele • Fehlteillieferungen, Fehlleistungen pro Kunde und pro Auftrag	• technische Verbesserungen • Einführung von Operations-Research-Techniken • bessere Bonitätsprüfung • Ausbau/Verbesserung des Workflow-Management-Systems

Tabelle 7.1: Grundzüge einer unternehmensbezogenen Balanced Scorecard mit strategischen Zielen, Kennzahlen und Initiativen

rade im Rahmen des strategischen Qualitätsmanagements sind andere Grundstrukturen denkbar und sinnvoll – besonders in Branchen, in denen Innovation und Lernen, also kontinuierliche Verbesserung, die treibenden Faktoren sind. In diesem Zusammenhang wurden schon von Kaplan und Norton die folgenden vier (statt drei) Perspektiven für ein Unternehmen der Halbleiterbranche vorgeschlagen:

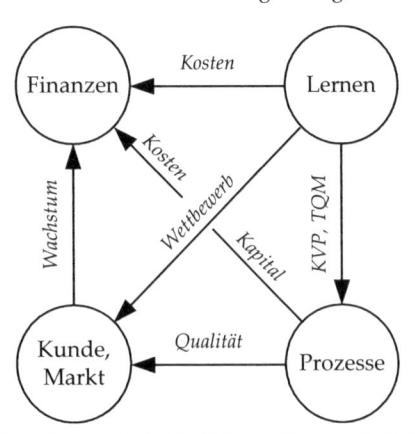

Abbildung 7.8: Ein komplexeres Modell der Balanced Scorecard mit vier Sichtweisen

Da die Balanced Scorecard Zusammenhänge zwischen Teilbereichen und Funktionen des Unternehmens zugrunde legt, eignet sie sich nicht nur zu deren Visualisierung, sondern auch zur Definition von Strategien. Die BSC ist damit im strategischen Controlling ein wichtiges Dokument. Sie kann die zentrale Methode zur Definition einer Strategy Map und damit zur Positionierung des Unternehmens im Markt sein. Die BSC schafft damit Shareholder Value im Sinne der Rechnungslegung und Stakeholder Value im Sinne des Total Quality Managements.

Insgesamt hat die BSC-Debatte, die Anfang der neunziger Jahre des vorigen Jahrhunderts von Kaplan und Norton angestoßen wurde, seither die Controlling-Landschaft dominiert. Mit der Balanced Scorecard verfügt das Controlling über ein flexibles und universelles Werkzeug, dessen Potential noch immer nicht vollkommen ausgeschöpft zu sein scheint.

8.
Anteile und Wertpapiere

8.1. Anteilsbasierte Vergütungen (IFRS 2)

Anteilsbasierte Vergütungen sind Leistungen, die vom Unternehmer oder einem Dritten in Form von Anteilen zumeist an Mitarbeiter gewährt werden. Sie sind zu beizulegendem Zeitwert (Fair Value) zu bewerten. Die mit den anteilsbasierten Vergütungen verbundenen Aufwendungen sind nach dem Prinzip der Periodenabgrenzung über den jeweils relevanten Zeitraum zu verteilen.

Dies kann man gut an einem *Beispiel* verdeutlichen: eine Unternehmung habe 200 Angestellten jeweils 100 Aktienoptionen gewährt. Diese werden mit einem beizulegenden Zeitwert von je 30 Euro bewertet und sind an die Bedingung gebunden, daß die Mitarbeiter jeweils drei Jahre für die Unternehmung arbeiten. Würden alle Mitarbeiter während der gesamten drei Jahre auch tatsächlich weiterhin für das Unternehmen arbeiten, wäre ein Gesamtaufwand i.H.v. 100 × 200 × 30 = 600.000 Euro über den gesamten Dreijahreszeitraum zu erfassen, also 200.000 Euro pro Jahr. Scheiden aber pro Jahr 10 % der mit den Aktienoptionen bedachten Mitarbeiter aus, so sind nur noch insgesamt 540.000 Euro als Aufwand zu erfassen, und zwar 180.000 Euro pro Jahr:

Jahr	Aufwand	kumulativ
1	180.000 €	180.000 €
2	180.000 €	360.000 €
3	180.000 €	540.000 €

Sinkt die Treuerate der Mitarbeiter auf 80 %, d.h., scheiden tatsächlich pro Jahr 20 % aus, so würde der jährliche Aufwand weiter auf insgesamt 480.000 Euro sinken:

Jahr	Aufwand	kumulativ
1	160.000 €	160.000 €
2	160.000 €	320.000 €
3	160.000 €	480.000 €

Die Annahme über den Anteil der ausscheidenden Mitarbeiter kann auch pro Jahr wechseln. Scheiden bspw. im ersten Jahr 10 % der Mitarbeiter aus, so wären wie oben demonstriert 180.000 Euro als Aufwand zu erfassen. Im zweiten Jahr verlassen aber 20 % der Mitarbeiter das Unternehmen und verzichten auf diese Art auf ihre 20.000 Aktienoptionen, die ja an eine dreijährige Fortsetzung des Arbeitsverhältnisses gekoppelt waren. Dies führt zu 20.000 × 80 % × 30 × 2/3 − 180.000 = 140.000 Euro Aufwand. Im dritten Jahr beträgt die Treuequote aber wieder 90 %, d.h., es scheiden nur noch 10 % der Mitarbeiter aus dem Unternehmen aus. Der Aufwand wäre nunmehr 20.000 × 90 % × 30 × 1 − (180.000 + 140.000) = 220.000 Euro.

Jahr	Ausscheider	Aufwand	kumulativ
1	10 %	180.000 €	180.000 €
2	20 %	140.000 €	320.000 €
3	10 %	220.000 €	540.000 €

Ändert sich die Bewertung der Aktienoptionen, so ist die Bewertung von der Neubewertung an auf die restlichen Perioden zu verteilen:

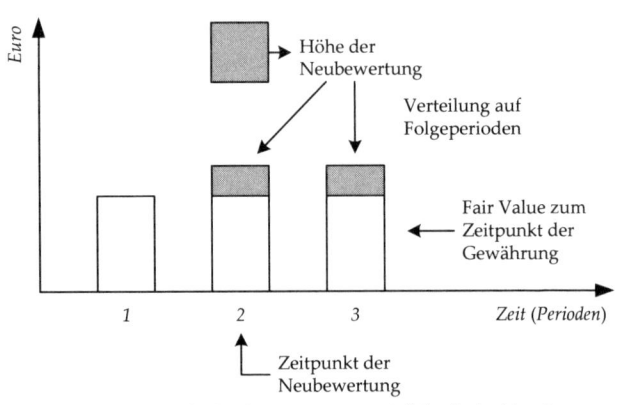

Abbildung 8.1: Grundmodell der Neubewertung von anteilsbasierten Vergügungen

Auch dies kann man wiederum an unserem Beispiel verdeutlichen. Wäre bspw. im obersten Fall (10 % Ausscheider pro Jahr) die Bewertung der Aktienoptionen nicht 30 Euro/Stück, sondern 40 Euro/Stück gewesen, so wären insgesamt über die drei Jahre 100 × 200 × 90 % × 40 = 720.000 Euro als Aufwand zu verrechnen gewesen. Ergibt sich die Neubewertung (das Repricing) aber erst in der zweiten Rechnungsperiode, so wären als Aufwand zu erfassen:

Jahr	Fair Value	Aufwand	kumulativ
1	30 €/Stück	180.000 €	180.000 €
2	40 €/Stück	300.000 €	480.000 €
3	40 €/Stück	240.000 €	720.000 €

Der Aufwand für das erste Jahr wäre 20.000 × 90 % × 30 × 1/3 = 180.000 Euro. Im zweiten Jahr wäre aber zu rechnen 20.000 × 90 % × 40 × 2/3 − 180.000 = 300.000 Euro. Im letzten Jahr wäre schließlich zu rechnen 20.000 × 90 % × 40 × 3/3 − (180.000 + 300.000) = 240.000 Euro.
Diese Methode produziert allerdings eine unregelmäßige Verrechnung der Neubewertung. Das ist unvermeidlich, wenn man im Laufe der Jahre die Bewertung für die Folgejahre zunächst nicht kennt. Man kommt aber zu einer »gleichmäßigen« Verrechnung der Neubewertung, indem man die Neubewertung nur auf die Restjahre bezieht. Der Aufwand für das erste Jahr wäre nach wie vor 20.000 × 90 % × 30 × 1/3 = 180.000 Euro. Für das zweite Jahr wäre zu rechnen 20.000 × 90 % × (30 × 2/3 + 10 × 1/2) − 180.000 = 270.000 Euro. Die Höherbewertung von 10 Euro ist hier separat auf die restlichen beiden Jahre bezogen. Das dritten Jahr wäre schließlich 20.000 × 90 % × (30 × 3/3 + 10 × 2/2) − (180.000 + 270.000) = 270.000 Euro:

Jahr	Fair Value	Aufwand	kumulativ
1	30 €/Stück	180.000 €	180.000 €
2	40 €/Stück	270.000 €	450.000 €
3	40 €/Stück	270.000 €	720.000 €

Alternativ zu den vorstehenden Beispielen wäre auch eine Verteilung nach Service Units möglich gewesen, wenn z.b. während der drei Jahre sehr unterschiedlich hohe Arbeitsleistungen erbracht werden − etwa bei vorübergehendem Ausscheiden. Auch die Höhe des Aufwandes wäre dann nach diesen Leistungseinheiten zu bemessen gewesen.

Es kann sein, daß die Neubewertung der Eigenkapitalinstrumente die Sperrfrist verlängert. Im einleitenden Beispiel war angenommen, daß die Mitarbeiter drei Jahre im Unternehmen bleiben müssen, um die Optionsrechte auszuüben. Wenn diese Dreijahresfrist durch die Neubewertung erneut beginnt, ist die Neubewertung auf diese Zeit zu verteilen:

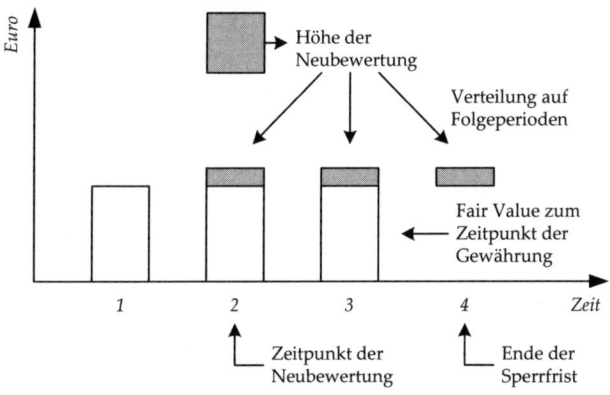

Abbildung 8.2: Verteilung der Neubewertung auf neue Sperrfrist

Dies macht die Rechnung schwieriger. Im ersten Jahr wäre nach wie vor zu buchen 20.000 × 90 % × 30 × 1/3 = 180.000 Euro. Für das zweite Jahr wäre nun aber mit Dritteln statt Hälften für die längere Sperrfrist zu rechnen: 20.000 × 90 % × (30 × 2/3 + 10 × 1/3) − 180.000 = 240.000 Euro. Die Höherbewertung von 10 Euro ist hier separat auf die restlichen drei Jahre bezogen. Im dritten Jahr wäre zu rechnen 20.000 × 90 % × (30 × 3/3 + 10 × 2/3) − (180.000 + 240.000) = 240.000 Euro. Im vierten Jahr wäre aber nur noch die Höherbewertung zu verrechnen, denn die ursprüngliche Rechnungsperiode ist ja bereits abgelaufen: 20.000 × 90 % × (10 × 3/3) − 20.000 × 90 % × (10 × 2/3) = 60.000 Euro. Das ergibt folgenden Werteverlauf:

Jahr	Fair Value	Aufwand	kumulativ
1	30 €/Stück	180.000 €	180.000 €
2	40 €/Stück	240.000 €	420.000 €
3	40 €/Stück	240.000 €	660.000 €
4	40 €/Stück	60.000 €	720.000 €

Alternativ darf auch der gesamte Wert über die gesamte neu festgesetzte Laufzeit verteilt werden:

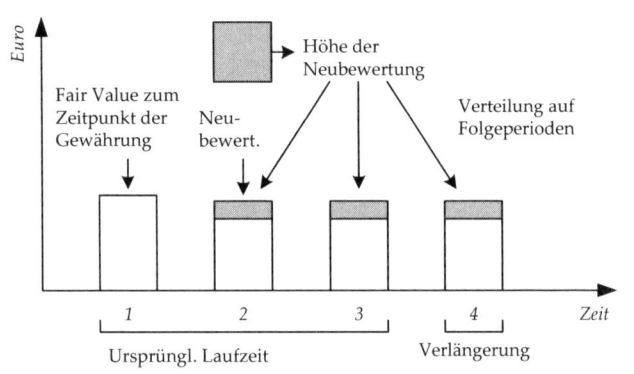

Abbildung 8.3: Verteilung des gesamten Wertes auf neue Sperrfrist

Im ersten Jahr wäre jetzt gleich mit einer Gesamtlaufzeit von vier Jahren zu rechnen: 20.000 × 90 % × 30 × 1/4 = 135.000 Euro. Das begründet, warum diese Methode selten ist, denn vorher weiß man ja eigentlich nicht, daß sich nachher der Wert der Eigenkapitalinstrumente ändert. Für das zweite Jahr wäre nun der ursprüngliche Betrag mit einem Viertel der Gesamtperiode, aber die Höherbewertung von 10 Euro nur mit Dritteln für die längere Sperrfrist zu rechnen: 20.000 × 90 % × (30 × 2/4 + 10 × 1/3) − 135.000 = 195.000 Euro. Im dritten Jahr wäre zu rechnen 20.000 × 90 % × (30 × 3/4 + 10 × 2/3) − (135.000 + 195.000) = 195.000 Euro. Im vierten Jahr wäre jetzt im Gegensatz zur vorherigen Methode sowohl der Grundbetrag von 30 Euro mit dem letzten Viertel als auch der Höherbewertungsbetrag mit dem letzten Drittel abzurechnen: 20.000 × 90 % ×

(30 × 4/4 + 10 × 3/3) – 135.000 + 195.000 × 3) = 195.000 Euro. Das ergibt folgenden neuen Werteverlauf der Aufwendungen:

Jahr	Fair Value	Aufwand	kumulativ
1	30 €/Stück	135.000 €	135.000 €
2	40 €/Stück	195.000 €	330.000 €
3	40 €/Stück	195.000 €	525.000 €
4	40 €/Stück	195.000 €	720.000 €

8.2. Ergebnis je Aktie (IAS 33)

IAS 33.19 verlangt den Ausweis des Ergebnisses je Anteilsschein nach gewichteter Anzahl ausgegebener Aktien. Gewichtung heißt, daß die Aktien entsprechend dem Anteil am Geschäftsjahr zu bewerten sind, zu dem sie auch tatsächlich kursierten bzw. ausgegeben waren. Also gilt:

$$WANOS = \sum_{i=1}^{n} \left(Aktien_i \times \frac{Ausgabezeit_i}{Gesamtjahr} \right)$$ F 8.1

Diese Berechnung soll für jede Aktiengattung separat durchgeführt werden. Aktien mit jeweils gleichartigen Rechten bilden eine »Gattung« (§ 11 AktG). Beispiel[1]:

Datum	Fall	ausgegebene Aktien	eigene Anteile	Kursierend
01.01.20xx	Anfangsstand	2.000	300	1.700
31.05.20xx	Emission	800	-	2.500
01.12.20xx	Kauf eigener Anteile	-	250	2.250
31.12.20xx	Endstand	2.800	550	2.250

Abbildung 8.4: Beispiel für die Berechnung der gewichteten Anzahl ausgegebener Aktien

»Ausgegebene Aktien« und »eigene Anteile« sind separate Aktiengattungen. Am 31. Mai des Jahres wurden junge Stücke ausgegeben und am 1. Dezember eigene Anteile erworben. Rechnet man in ganzen Monaten (zulässig), so ist die gewichtete Durchschnittszahl der ausgegebenen Aktien $1.700 \times {}^5/_{12} + 2.500 \times {}^6/_{12} + 2.250 \times {}^1/_{12} = 1.700 \times {}^{12}/_{12} + 800 \times {}^7/_{12} - 250 \times {}^1/_{12} = 2.145,83$ Stück. Die eigenen Anteile sind natürlich zu verrechnen, da IAS 33 ja nur die durchschnittliche Anzahl ausgegebener Aktien (Outstanding Shares) fordert. Hätte die Unternehmung keine eigenen Anteile gehabt, so wäre die Berechnung gewesen $2.000 \times {}^{12}/_{12} + 800 \times {}^7/_{12} = 2.000 \times {}^5/_{12} + 2800 \times {}^7/_{12} = 2.466,67$ Stück.

1 Quelle: in Anlehnung an Illustrative Example 2 zu IAS 33

Die Berechnung könnte auch mit Tagen durchgeführt werden, wenn Transaktionen nicht jeweils am Monatsende stattfinden.
Das Ergebnis je Aktie ist als Basic Earning per Share und als Diluted Earning per Share aufgrund des Nachsteuer-Ergebnisses auszuweisen.
Basic Earning per Share ist nach IAS 33.10

$$BasicEPS = \frac{Jahresergebnis}{WANOS}$$ F 8.2

Das bedeutet in unserem Fall:

$$BasicEPS = \frac{120.000}{2.145,83} = 55,92 \, € / Aktie$$ F 8.3

Hätte die Unternehmung jedoch keine eigenen Anteile besessen, so wäre das Ergebnis je Anteilsschein gewesen:

Beispiel: Basic und Diluted Earnings per Share

Jahresüberschuß .... 1.004 €
kursierende Stammaktien .... 1.000 Stück
Basic Earnings per Share .... 1,00 €/Stück

Wandelschuldverschreibungen: .... 100 Stück
(*jeweils 10 Wandelschuldverschreibungen seien umtauschfähig in 3 Stammaktien*)
Zinsaufwendungen für Wandelschuldverschreibungen: .... 10 €
Steuerersparnis für diese Zinsaufwendungen: .... 4 €
korrigierter Jahresüberschuß: .... 1.005 + 10 – 4 = 1.010 €
durch Umtausch auszugebende Aktien: .... 30 Stück
Anteil Stammaktien für die Diluted-Berechnung: .... 1.000 + 30 = 1.030 Stück
Diluted Earnings per Share: .... 1.010 € / 1.030 Stück = 0,9805825 €/Stück

Der Diluted-Wert ist auch bei Vorhandensein von Aktienoptionen bedeutsam, wie das folgende Beispiel aus IAS 33.35 zeigt (eigene Übersetzung, leicht verändert):

Jahresüberschuß .... 1.200.000 €
kursierende Stammaktien (gewichtet): .... 500.000 Stück
Durchschnittswert einer Stammaktie im Berichtszeitraum: .... 20,00 €/Stück
Anzahl Aktienoptionen (gewichtet): .... 100.000 Stück
Kaufpreis für Optionsrecht: .... 15,00 €/Aktie

<u>Berechnung</u>:	Per Share	Earnings	Shares
Jahresüberschuß		1.200.000 €	
kursierende Stammaktien			500.000 Stück
Basic Earnings per Share	2,40 €/Stück		
Aktienoptionen			100.000 Stück
resultierende Emission			75.000 Stück
(100.000 × 15) / 20			
Diluted Earnings per Share:	2,08696 €/Stück	1.200.000 €	575.000 Stück

Abbildung 8.5: Beispiel: Basic und Diluted Earnings per Share

$$BasicEPS = \frac{120.000}{2.466,67} = 48,65 \, € \, / \, Aktie \qquad \text{F 8.4}$$

Zur Berechnung des Diluted Earnings per Share sind potentielle Anteilsrechte aus Wandelschuldverschreibungen und die mit ihnen verbundenen Zinseffekte mitzurechnen, d.h., das Ergebnis ist entsprechend um den Nachsteuer-Effekt dieser potentiellen Anteile zu korrigieren.

8.3. Weitere wichtige Rechenverfahren

Eine Reihe von Kennzahlen wird eingesetzt, um die finanzielle Leistung (»Performance«) von Aktien zu vergleichen. Alle sind Relativkennzahlen, um die Papiere auch bei unterschiedlichen Absolutkursen vergleichbar zu machen:

Kurs-Buchwert-Verhältnis:

$$KBV = \frac{Aktienkurs}{Aktienbuchwert} \qquad \text{F 8.5}$$

Kurs-Cashflow-Verhältnis:

$$KCV = \frac{Aktienkurs}{Cash\text{-}flow} \qquad \text{F 8.6}$$

Kurs-Gewinn-Verhältnis:

$$KGV = \frac{Aktienkurs}{Gewinn \, je \, Aktie} \qquad \text{F 8.7}$$

Kurs-Umsatz-Verhältnis:

$$KUV = \frac{Aktienkurs}{Umsatz \, je \, Aktie} \qquad \text{F 8.8}$$

Die Compound Annual Growth Rate (CAGR) schließlich zeigt das durchschnittliche Wachstum einer Investition in n Jahren:

$$CAGR = \left(\frac{gegenwärtiger \, Wert}{Anfangswert}\right)^{\frac{1}{n}} - 1 \qquad \text{F 8.9}$$

Das mit einem Anteilsschein verbundene Risiko des Investors hat viel mit der durchschnittlichen Kursschwankung zu tun. Diese ist auch als Volatilität bekannt. Hierzu benötigt man zunächst den Mittelkurs:

$$\mu_{Kurs} = \frac{\sum_{i=1}^{n} Kurs_i}{n} = \frac{1}{n} \times \sum_{i=1}^{n} Kurs_i \qquad \text{F 8.10}$$

Dies ist offensichtlich eine einfache Anwendung der »normalen« Mittelwertrechnung. Ebenfalls aus der Statistik entnehmen wir die Formel für die Volatilität, die im Grunde nichts als die Standardabweichung vom Mittelkurs ist:

$$\sigma_{Kurs} = \sqrt[2]{\frac{\sum_{i=1}^{n}(\mu_{Kurs} - Kurs_i)^2}{n}} \qquad \text{F 8.11}$$

Beispiel: Eine geringe Volatilität bedeutet geringe Schwankungen:

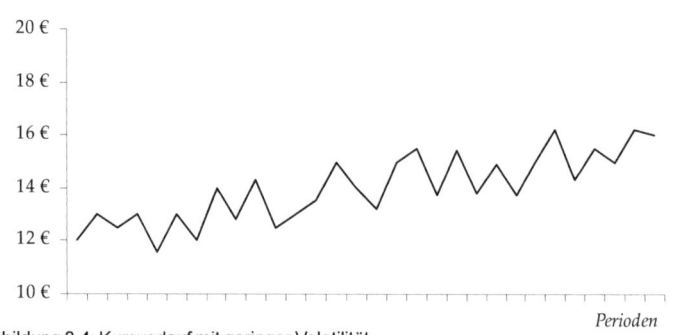

Abbildung 8.4: Kursverlauf mit geringer Volatilität

Bei einer hohen Volatilität ist σ entsprechend groß (rechts oben).
Kursprognosen sind mit Hilfe der Regressionsrechnung möglich und um so zuverlässiger, je kleiner die Volatilität des Kurses ist. Die Annahme über den zugrunde gelegten Gleichungstyp kann man dabei nur extern vornehmen; hierfür gibt es kein Rechenverfahren.

Geht man von einer linearen Kursentwicklung vom Typ

$$y^* = a + b \times x \qquad \text{F 8.12}$$

aus, so kann man die Faktoren »a« und »b« mit den Bestimmungsgleichungen ermitteln:

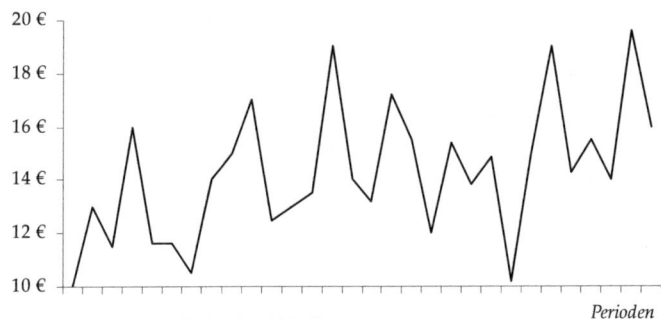

Abbildung 8.5: Kursverlauf mit hoher Volatilität

Perioden

$$a = \frac{\sum_{i=1}^{n} x_i^2 \sum_{i=1}^{n} y_i - \sum_{i=1}^{n} x_i \sum_{i=1}^{n} x_i y_i}{n \times \sum_{i=1}^{n} x_i^2 - (\sum_{i=1}^{n} x_i)^2}$$

F 8.13

$$b = \frac{n \times \sum_{i=1}^{n} x_i y_i - \sum_{i=1}^{n} x_i \sum_{i=1}^{n} y_i}{n \times \sum_{i=1}^{n} x_i^2 - (\sum_{i=1}^{n} x_i)^2}$$

F 8.14

x ist in diesen Gleichungen die Zeitreihe (Börsentage) und y die zugehörige Kursdatenreihe. Die Lösungsformel vom Typ F 8.12 bietet für den Betrachtungszeitraum die Linie, die jeweils in der »Mitte« (im Bereich des geringsten quadratischen Abstandes) der realen Kursdaten liegt:

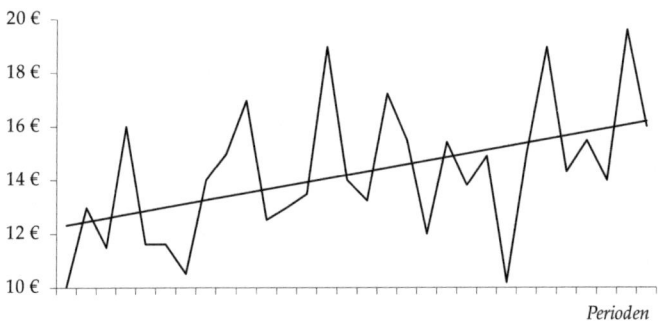

Abbildung 8.6: Der Kurstrend aus der Regressionsanalyse »paßt« in den Kursverlauf

Weitere wichtige Rechenverfahren

Aus F 8.12 kann man dann durch Einsetzen höherer Werte für x auch Prognosen über den wahrscheinlichsten künftigen Kurs ableiten. Nimmt man eine nichtlineare Kursentwicklung vom Typ

$$y^* = a + b \times x + c \times x^2 \qquad \text{F 8.15}$$

an, so gibt es keine »einfache« Berechnung der dann erforderlichen drei Faktoren a, b und c mehr, sondern nur noch das Gleichungssystem

$$\sum_{i=1}^{n} y_i = n \times a + b \sum_{i=1}^{n} x_i + c \sum_{i=1}^{n} x_i^2 \qquad \text{F 8.16}$$

$$\sum_{i=1}^{n} x_i y_i = a \sum_{i=1}^{n} x_i + b \sum_{i=1}^{n} x_i^2 + c \sum_{i=1}^{n} x_i^3 \qquad \text{F 8.17}$$

$$\sum_{i=1}^{n} x_i^2 y_i = a \sum_{i=1}^{n} x_i^2 + b \sum_{i=1}^{n} x_i^3 + c \sum_{i=1}^{n} x_i^4 \qquad \text{F 8.18}$$

Die Auflösung dieser Gleichungen auf die drei Faktoren a, b und c kann nur noch durch lineare Methoden wie

- die Matrizeninversion,
- das Simplex-Verfahren oder
- den Gaußschen Algorithmus

erfolgen.

Für andere Gleichungstypen bestehen andere Rechenverfahren; diese sind jedoch im Zusammenhang mit Wertpapieren kaum jemals relevant.

Statistische Prognoseverfahren wie die hier dargestellten sind jedoch stets unzuverlässig. Das gilt insbesondere für offene, nichtlineare Systeme. Dies hat weitreichende Implikationen, die man sich am besten an einer Beispielformel wie

$$X_{t+1} = \alpha \times X_t \times (1 - X_t) \qquad \text{F 8.19}$$

vergegenwärtigt. Für diese Formel sind zwei Dinge bedeutsam:

- Die Gleichung ist nichtlinear, d.h. enthält mindestens eine Multiplikation, und
- ist rekursiv, d.h., das Ergebnis X_t ist für das Ergebnis der Folgeperiode X_{t+1} relevant.

Die Erkenntnisse, die in dieser Formel stecken, vermittelt aber erst der Faktor α. Wir setzen willkürlich $X_1 =$ und $\alpha = 1$ und erhalten eine kontinuierliche Entwicklung, wobei die Höhe des letztendlich stabilen Wertes von α abhängt:

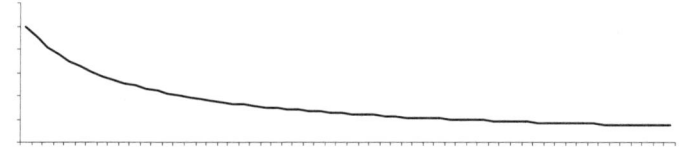

Abbildung 8.7: Stabile Marktentwicklung

Mit α = 3,4 erhalten wir hingegen eine zyklische Schwankung, die an Konjunkturzyklen erinnert:

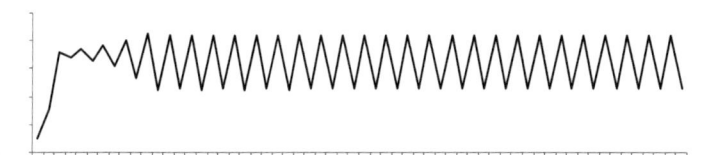

Abbildung 8.8: Zyklische Schwankungen ohne externe Marktstörungen

Durch α = 3,9 geht das System aber in den Chaoszustand über:

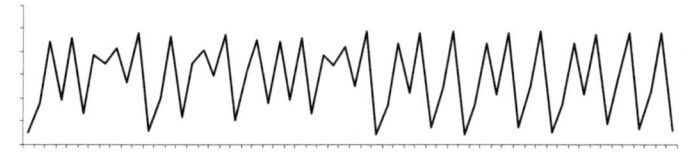

Abbildung 8.9: Chaotische Entwicklung ohne externe Störungen in nichtlinearem System

Für den Chaoszustand ist charakteristisch, daß geringste Änderungen gewaltige Auswirkungen haben. Ändert man den α-Wert von α = 3,9 auf α = 3,900001, so erhält man:

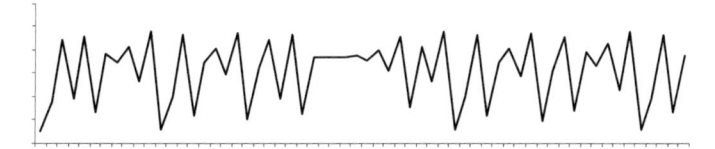

Abbildung 8.10: Totale Veränderungen im chaotischen Verlauf durch minimale Ursache

Hier ist in ca. 30 Iterationen die technisch mögliche Rechengenauigkeit der zum Verfassen dieses Werkes verwendeten Software gesprengt worden! Das sagt uns zweierlei:

- Geht ein System in den Chaoszustand über, so sind alle darüber hinausreichenden Prognosen im Prinzip falsch.
- Dies ist keine Frage der Rechengenauigkeit, sondern eine prinzipielle Frage. Einzelne wirtschaftliche Prozesse, die normalerweise für den Gesamtmarkt irrelevant wären, gewinnen also im Chaosfall Relevanz für die volkswirtschaftliche Ebene, oder, physikalisch ausgedrückt, mikroskopische Vorgänge können direkt für die sichtbare makroskopische Welt bedeutsam sein, wenn das jeweilige System in einen Chaoszustand gerät.

Insbesondere für Märkte ist aber noch eine weitere Erkenntnis bedeutsam. Es kommt zu einer »Implosion«, setzt man $\alpha = 4{,}2$:

Abbildung 8.11: »Absturz« des chaotischen Systems gegen minus unendlich

Die Wertereihe strebt hier nach wenigen Iterationen gegen minus unendlich und sprengt mit Ergebniswerten, die viele hundert Stellen (!) lang sind, den Zahlenbereich der verwendeten Software. Dies ist, was man an Aktienmärkten als »Finanzkrach« bezeichnen würde. Der Marktabsturz selbst und die Zeit danach sind aus den gleichen Gründen wie die Entwicklung innerhalb der Chaosphase *prinzipiell nicht prognostizierbar*. Es ist aber leicht zu zeigen, daß dies durchaus schon vorgekommen ist, wir uns hier also nicht im Bereich einer mathematischen Theorie bewegen:

Die Kurve[1] zeigt den Verlauf des Dow Jones Industrial Average Index aus den Jahren 1920 bis 1932. Wir beobachten

- eine 1920 bis ca. 1929 stetig ansteigende Volatilität bei nichtlinearem Aufwärtstrend,
- ca. Anfang 1929 einen Übergang in den Chaoszustand und
- den »schwarzen Freitag« am 25. Oktober 1929, der sich durch den massiven, in der Grafik gut sichtbaren Kursabsturz auszeichnet, gefolgt von einem jahrelangen Abwärtstrend.

Daß durch diese Ereignisse weltweit eine Menge Anleger ihr Kapital verloren, darunter auch der Mittelstand seine zumeist in Geld bestehende Absicherung, die in Deutschland schon durch die Inflation beeinträchtigt worden war, kann als einer der Gründe für den Zweiten Weltkrieg betrachtet werden.

Eine ähnliche Zunahme der Volatilität kann man übrigens in der Zeit 1990 bis 2004 beobachten[1]:

Abbildung 8.12: Dow Jones Industrial Average Index 01.01.1920 bis 31.12.1932

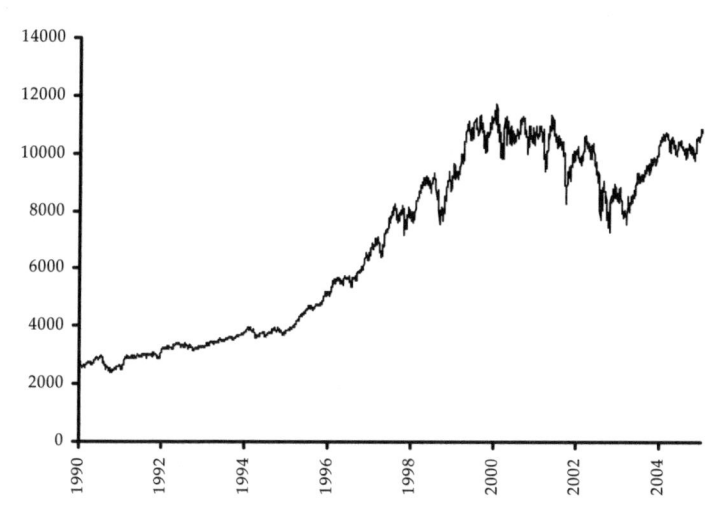

Abbildung 8.13: Dow Jones Industrial Average Index 01.01.1990 bis 31.12.2004

1 Quelle der Daten in beiden Abbildungen: http://finance.yahoo.com/q/hp?s=^DJI

9.
Internes Rechnungswesen

Allgemein befaßt sich das interne Rechnungswesen mit der Bewertung der eingesetzten Produktionsfaktoren. Es befaßt sich daher mit Kosten (und nicht mit Aufwendungen, Ausgaben oder Auszahlungen) und mit Leistungen (und nicht mit Erträgen, Einnahmen oder Einzahlungen). Es wird daher auch als »Kosten- und Leistungsrechnung« (KLR) bezeichnet. Die zwei Teilbereiche sind:

- **Vollkostenrechnung:** alle Verfahren, die auf der Unterscheidung in Einzel- und Gemeinkosten beruhen;
- **Teilkostenrechnung:** alle Verfahren, die auf der Unterscheidung in fixe und variable Kosten beruhen.

Visualisierung:

Zentrale Unterscheidungen und begrifflicher Rahmen aller Verfahren und Methoden	Zurechenbarkeit	
	EK Einzelkosten (dem Produkt zurechenbar)	**GK** Gemeinkosten (nicht produktbezogen)
K$_{var}$ variable Kosten (leistungsbezogen)	Rohstoffe Produktivlohn Vertr.-Provis. Ausg.-Fracht	Energie Hilfsstoffe Betriebsstoffe
K$_{fix}$ Fixkosten (nicht leistungsbezogen)		kalk. Kosten Verwaltung Telekom Gehälter (...)
	Vollkostenrechnung	

Links: Leistungsbezug. Rechts: Teilkostenrechnung.

Abbildung 9.1: Die grundlegenden Definitionen des internen Rechnungswesens

9.1. Vollkostenrechnung

Allgemein dient ein Zuschlagssatz der indirekten Zurechnung der Gemeinkosten auf eine kostenverursachende Größe. Die Grunddefinition ist

$$Zuschlagssatz = \frac{zuzuschlagende\,Größe}{verursachende\,Größe} \qquad F\,9.1$$

oder, da ja die Gemeinkosten die zuzuschlagende Größe sind:

$$Zuschlagssatz = \frac{Gemeinkosten}{Kostenverursachergröße} \qquad F\,9.2$$

In Kostenstellen, die eine Einzelkostengröße als verursachende Grundlage aufweisen, bedeutet dies:

$$Zuschlagssatz = \frac{Gemeinkosten}{Einzelkosten} \qquad F\,9.3$$

Im Prinzip reicht diese einzige Formel; es macht aber Sinn, sich die Implikationen dieser Rechnung anzusehen. Wenn die Einzelkosten die kostenverursachende Größe sind, bedeutet dies im Lager:

$$MGZ = \frac{MGK}{EK} \qquad F\,9.4$$

Die Einzelkosten sind hier der Verbrauch an Material. Dies ist i.d.R. der Rohstoffverbrauch. Auf Baustellen sind auch die Hilfsstoffe oft einzeln zurechenbar und damit Einzelkosten.

Im Produktivbereich bedeutet dies

$$LGZ = \frac{FGK}{FL} \qquad F\,9.5$$

In der Verwaltung und im Vertrieb gibt es keine Einzelkosten. Man muß daher rechnen:

$$VwZS = \frac{VwGK}{HKU} \qquad F\,9.6$$

$$VtGK = \frac{VtGK}{HKU} \qquad F\,9.7$$

In Handwerks- und einzelfertigenden Betrieben sowie im Dienstleistungsgewerbe sind die Größen HKU und HKP identisch, weil es keine Zwischen- oder Ausgangslagerung gibt. Sie unterscheiden sich nur, wenn Zwischen- und/oder Ausgangsläger bestehen.

Das Grundschema der Kalkulation ist:

	Einzelkosten	EK
+	Gemeinkosten (%-Aufschlag)	GK
=	Selbstkosten	SK

Wer genau zum Selbstkostenpreis verkauft, macht weder Verlust noch Gewinn.

Ein *Beispiel*: Aus einer Abrechnungsperiode eines Handelsbetriebes liegen die folgenden Daten aus dem Lager vor:

Anfangsbestand (Inventur): .... 1.000 €
Summe Käufe im Berichtszeitraum: .... 7.000 €
Schlußbestand (Inventur): .... 1.500 €

Die Summe der sonstigen Kosten betrug 1.300 Euro. Zu welchem Preis muß ein Produkt, das 10 Euro (15 Euro, 20 Euro) im Einkauf kostet, mindestens (selbstkostendeckend) verkauft werden?

Zunächst muß man feststellen, daß die Einzelkosten 6.500 Euro betragen, denn nicht der Einkauf erbringt die Kosten (ein häufiger Fehler!), sondern der Verbrauch an Gütern. Die sonstigen Kosten sind Gemeinkosten. Der Zuschlagssatz ist also

$$Zuschlagssatz = \frac{Gemeinkosten}{Einzelkosten} = \frac{1.300}{6.500} = 0{,}2 \approx 20\,\%$$

F 9.8

Die Kalkulation der Produkte wäre also:

	Einzelkosten	10 €	15 €	20 €
+	Gemeinkosten (20 %)	2 €	3 €	4 €
=	Selbstkosten	12 €	18 €	24 €

Das Beispiel demonstriert, weshalb die Kostenrechnung (wie das gesamte Rechnungswesen!) eine dienende (und keine führende) Funktion hat: Der Kostenrechner bedient den Marketer mit einer Planungszahl (den Selbstkosten). Ob und wie dieser Wert am Markt realisierbar ist, weiß der Kostenrechner nicht – das ist Aufgabe des Marketings, das daher die einzige führende Funktion im Betrieb innehat!

Berechnung des Einstandspreises gemäß § 255 Abs. 1 HGB:

	Nettolistenpreis
–	Lieferantenskonto
=	Zieleinkaufspreis
–	Lieferantenskonto
=	Bareinkaufspreis

+ Bezugskosten
+ Nebenkosten
+ nachträgliche (zurechenbare) Kosten
= Anschaffungskosten oder Einstandspreis

Einfache Handelskalkulation:

    Nettolistenpreis
− Lieferantenskonto
= Zieleinkaufspreis
− Lieferantenskonto
= Bareinkaufspreis
+ Bezugskosten
+ Nebenkosten
+ nachträgliche (zurechenbare) Kosten
= Anschaffungskosten oder Einstandspreis
+ Gemeinkostenzuschlag
= Selbstkosten
+ Gewinn
= Barverkaufspreis
+ Kundenskonto (i.H.)
= Zielverkaufspreis
+ Kundenrabatt (i.H.)
= Listenverkaufspreis

Hier ist insbesondere zu berücksichtigen, daß die Berechnung der Kundenskonti und Kundenrabatte im Wege der Im-Hundert-Rechnung (i.H.) geschehen muß, während der Rest des Rechenschemas als Vom-Hundert-Rechnung ausgeführt werden muß.

Vom-Hundert-Aufschlag:

$$X + Y\% = X \times (1 + Y\%) \qquad \text{F 9.10}$$

Beispiel: 10 % auf eine Größe vom-Hundert aufschlagen heißt, die Größe mit 1,1 zu multiplizieren. Anwendung: Gewinnaufschlag. Aber Im-Hundert-Aufschlag:

$$X + Y\% = \frac{X}{(1 - Y\%)} \qquad \text{F 9.11}$$

Beispiel: 10 % auf eine Größe Im-Hundert aufzuschlagen heißt, die Größe durch 0,9 zu dividieren. Anwendung: Aufschlag eines Kundenrabattes oder Kundenskontos.

Um dies zu verstehen, ist es sinnvoll, sich in die Lage des Kunden zu versetzen, der vom Listenverkaufspreis aus mit seiner Rechnung beginnt (also diesen Wert als 100%-Basis verwendet) und davon die einzelnen Größen abzieht.

Einfache Industriekalkulation:
1. Fertigungsmaterial FM
2. + Materialgemeinkosten MGK
3. = Materialkosten MK
4. Fertigungslöhne FL
5. + Lohngemeinkosten FGK
6. = Fertigungskosten FK
7. Σ 3 + 6 = Herstellkosten HK
8. + Verwaltungsgemeinkosten VwGK
9. + Vertriebsgemeinkosten VtGK
10. = Selbstkosten SK

Die Teilschritte 1 bis 3 und 4 bis 6 sind für jede Kostenstelle auszuführen. Das Kalkulationsschema und der Betriebsabrechnungsbogen müssen zusammenpassen, sonst werden Kosten nicht gedeckt.
Ist eine Maschinenkostenstelle beteiligt, so kann gerechnet werden:

1. Maschinenzeit MZ
2. × Maschinenstundensatz MS
3. = Maschinenkosten MC

Wichtig: Es gibt kein feststehendes Schema der Industriekalkulation. Jede Kalkulation muß immer den konkreten Gegebenheiten angepaßt werden. Dies bedeutet, daß kein auswendig gelerntes Schema immer richtig ist; ein vertieftes Verständnis ist unerläßlich!

Das Schema kann wie die vorstehende Handelskalkulation durch Gewinnaufschlag zu den Selbstkosten und dann durch Skonto- und Rabattaufschlag bis zum Listenverkaufspreis fortgeführt werden.

Die Kalkulation kann mit einem Kalkulationsaufschlag erleichtert werden. Den Kalkulationsaufschlag aus der Kalkulation bestimmen:

$$KA = \frac{BarVKP - SK}{SK} \qquad \text{F 9.12}$$

Für jede Stufe der Kalkulation kann ein eigener Kalkulationsaufschlag (und damit ein eigener Kalkulationsfaktor) bestimmt werden. An Stelle des Barverkaufspreises können also auch andere Werte treten. Ebenso ist der Kalkulationsaufschlag auch auf die Einzelkosten anwendbar. Eine andere Definition wäre beispielsweise:

$$KA = \frac{ListenVKP - EK}{EK} \qquad \text{F 9.13}$$

Voraussetzung für die Faktrechnung ist stets, daß nur eine einzige Einzelkostenart besteht und keine Zwischenwerte wie Bezugskosten zu addieren sind – sonst funktioniert es nicht!

Beispiel: Unser Produkt aus dem vorigen Beispiel hatte einen Einkaufswert von 10 Euro und Selbstkosten von 12 Euro. Der Kalkulationsaufschlag ist also 20 % und entspricht dem Zuschlagssatz. Kalkulieren wir mit 15 % Gewinn und einen Verkauf mit 3 % Skonto und 10 % Rabatt:

Einzelkosten	10,0000 €
+ Gemeinkostenzuschlagssatz 20 %	2,0000 €
= Selbstkosten	12,0000 €
+ Gewinn 15 %	1,8000 €
= Barverkaufspreis	13,8000 €
+ Kundenskonto (i.H.) 3 %	0,4268 €
= Zielverkaufspreis	14,2268 €
+ Kundenrabatt (i.H.) 10 %	1,5806 €
= Listenverkaufspreis	15,8076 €

so ist der Kalkulationsaufschlag

$$KA = \frac{15{,}8076 - 10}{10} = 0{,}58076 \approx 15{,}076\,\%$$ F 9.14

Gibt es viele Produkte dieser Art, so wären lediglich diese 58,076 % aufzuschlagen, um zum Listenverkaufspreis zu gelangen. Dies erleichtert die Kalkulation.

Noch einfacher geht es, wenn man aus dem Gesamtaufschlag einen Faktor macht. Unterschied ist, daß mit dem Faktor multipliziert wird (was noch einfacher geht):

$$KF = \frac{KA}{100} + 1$$ F 9.15

Der Faktor wäre hier also 1,58076. Dies besagt, daß bei den Verhältnissen aus der Kalkulation der Einkaufspreis der Ware (also die Einzelkosten) nur noch mit 1,58076 multipliziert werden muß, um zum Listenverkaufspreis zu kommen.

Wendet man die Formel

$$Zuschlagssatz = \frac{Gemeinkosten}{Einzelkosten}$$ F 9.3

in Industriebetrieben auf Fertigungskostenstellen an, so erhält man Zuschlagssätze, die bisweilen über 10.000 % liegen und damit kaum noch brauchbar sind. Grund: die Gemeinkosten entstehen durch einen umfangreichen Maschinenpark, der nur von einer kleinen Bedienmannschaft betätigt wird. Auch ist anzuzweifeln, ob die Lohnkosten dann überhaupt noch i.S.d. F 9.1 eine verursachende Größe sind. Man schlägt daher in solchen Kostenstellen die gesamten Lohnkosten den Gemeinkosten zu und rechnet in Maschinenstundensätzen:

$$Maschinenzuschlag = \frac{Maschinenkosten}{Maschinenleistung}$$

Weil gilt

$$Maschinenkosten = K_{fix} + X \times K_{var_{Stück}}$$

ist der Maschinenzuschlag also

$$Maschinenzuschlag = \frac{K_{fix} + X \times K_{var_{Stück}}}{X}$$

Die Verteilung zwischen fixen und variablen Kosten ist auch bei gleicher Gesamthöhe nicht gleichgültig. Aus dem allgemeinen Kostenverlauf

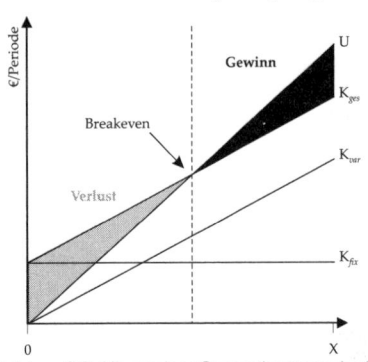

Abbildung 9.2: Allgemeiner Gesamtkostenverlauf

leitet sich der degressive Verlauf der Stückkosten her:

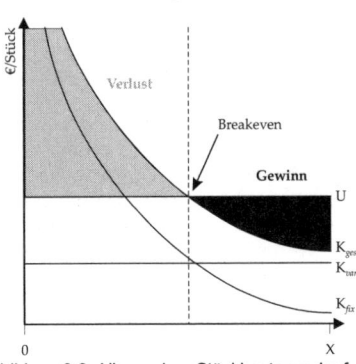

Abbildung 9.3: Allgemeiner Stückkostenverlauf

Eine Erhöhung der Ausbringungsmenge hat damit drei gesamtwirtschaftliche Implikationen:

- Die Stückkostendegression bewirkt erst, daß wir uns Güter des Alltages wie Autos oder weltweite Flugreisen überhaupt erst leisten können. Die Stückkostendegression erhöht also unsere wirtschaftliche Freiheit.
- Wer versucht, durch generelle Einschränkungen (wie z.b. durch höhere Energiekosten) Einsparungen zu erzwingen, bewirkt eine allgemeine Teuerung (Bewegung nach links in Abbildung 9.3).
- Wer nicht spart (sondern möglichst viel verbraucht), der bewirkt tendenziell eine Erhöhung der Ausbringungsmenge und nützt damit der Gesellschaft. Dies ist ein Beleg für den unintendierten Gemeinnutzen egoistischen Handelns (bei den Volkswirten als »Saysches Theorem« bekannt).

Man beachte, daß in Abbildung 9.3 die variablen Stückkosten als horizontale Linie erscheinen. Gelingt es aber, die variablen Kosten zu senken (in Abbildung 9.4 auf null), so hat dies zwei Folgen:
- die Gewinnschwelle ist niedriger und
- das Gewinnpotential ist höher.

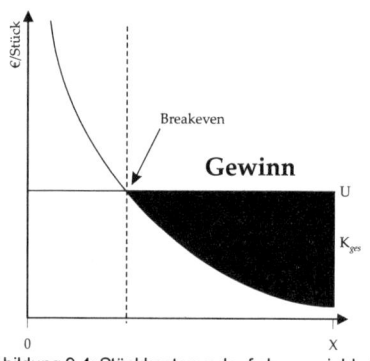

Abbildung 9.4: Stückkostenverlauf ohne variable Kosten mit höherem Erfolgspotential

Es ist daher generell zu raten, variable Kosten in Fixkosten umzuwandeln. Dies kann z.b. durch Entlassungen, Automatisierungen und Mechanisierungen der Produktion geschehen, weil technische Anlagen weit überwiegend Fixkosten und kaum variable Kosten produzieren.

Höhere Energiekosten wirken sich daher offensichtlich negativ auf das Gewinnpotential und damit die Wettbewerbsfähigkeit des gesamten Standortes aus.

Weitere seltenere Kalkulationsverfahren sind die Divisions- und die Äquivalenzziffernkalkulation.

Die Divisionskalkulation ist nur bei Massenfertigung anwendbar und rechnet grundsätzlich

$$Stückselbstkosten = \frac{K_{ges}}{X_{produziert}}$$ F 9.16

Das kann man verfeinern, indem man die Herstellkosten der produzierten Menge, die Vertriebskosten aber der verkauften Stückzahl zuschlägt:

$$Stückselbstkosten = \frac{HK}{X_{produziert}} + \frac{VtGK}{X_{verkauft}}$$ F 9.17

Die Äquivalenzziffernkalkulation ist nur bei Sortenfertigung angemessen und geht folgendermaßen vor:

1. Multipliziere die Faktoren mit den Leistungs- oder Mengenwerten, das ergibt die Umrechnungszahlen.
2. Addiere die Umrechnungszahlen.
3. Berechne die Selbstkosten der Hauptsorte:

$$SK_{Faktor\,1} = \frac{SK_{Periode}}{\sum_{i=1}^{n} Umrechnungszahlen}$$ F 9.18

4. Aus diesem Ausgangswert kann durch Multiplikation mit den anderen Faktoren die Selbstkosten der anderen Sorten berechnet werden.

Beispiel: Eine Ziegelei produziert fünf Ziegelsorten A bis E, die sich nur durch den Materialeinsatz in kg pro Stück unterscheiden (= Sortenfertigung):

Sorte	Produktion	Gewicht
A	2.000 Stück	1,2 kg/St
B	4.500 Stück	0,9 kg/St
C	900 Stück	2,8 kg/St
D	2.500 Stück	2,2 kg/St
E	1.100 Stück	3,1 kg/St

Die Gesamtkosten (Selbstkosten) einer Periode betrugen 345.000 Euro. Wie hoch sind die Kosten pro Sorte und pro Stück?

	Produktion	kg/St	Umr.Zahl	SK/Stück	SK/Sorte
A	2.000 Stück	1,2 kg	2400	23,15 €	46.308,72 €
B	4.500 Stück	0,9 kg	4050	17,37 €	78.145,97 €

C	900 Stück	2,8 kg	2520	54,03 €	48.624,16 €
D	2.500 Stück	2,2 kg	5500	42,45 €	106.124,16 €
E	1.100 Stück	3,1 kg	3410	59,82 €	65.796,98 €

Man beachte, daß es eine Hauptsorte mit dem Faktor 1 nicht wirklich geben muß, um die Rechnung durchführen zu können!

9.2. Teilkostenrechnung

Deckungsbeitrag ist allgemein die Differenz aus Verkaufspreis und variablen Kosten:

$$DB = P_{vk} - K_{var} \qquad \text{F 9.19}$$

Manche Lehrbücher verwenden die folgende Abgrenzung:

DB: Gesamtdeckungsbeitrag (z.b. Gesamtbetrieb)
db: Deckungsbeitrag eines einzelnen Produktes

Wir folgen im Rahmen der vorliegenden Darstellung dieser Vereinbarung jedoch nicht.

Die vorstehenden Definitionen faßt man auch als sogenannten absoluten Deckungsbeitrag zusammen. In der Sortimentsplanung kann es sinnvoll sein, den Deckungsbeitrag auf eine verbrauchte Faktoreinheit zu beziehen. Man spricht dann vom sogenannten relativen Deckungsbeitrag:

$$DB_{rel} = \frac{DB_{abs}}{V} = \frac{P_{vk} - K_{var}}{V} \qquad \text{F 9.20}$$

Dies ist jedoch das produktionswirtschaftliche Problem der Sortimentsoptimierung mit Engpaß-Rechnung oder dem Simplex-Algorithmus und wird an dieser Stelle nicht weiter vertieft. Hierzu gibt es vom Autor weitere Bücher und elektronische Materialien.

Allgemeine Definition des Breakeven-Punktes:

$$X_{min} = \frac{K_{fix}}{DB} \qquad \text{F 9.21}$$

Bei Einzelfertigung oder sonst diskontinuierlichem Umsatz gilt:

$$X_{min} \text{ wenn} \sum_{i=1}^{n} DB_i = K_{fix} \qquad \text{F 9.22}$$

Die Deckungsbeitragsrechnung wird aussagekräftiger, wenn sie differenziert wird. Man spricht dann von einer mehrstufigen Deckungsbeitragsrechnung. Allgemeines Beispiel:

1.   Erlöse/Umsätze
2. − variable Kosten
3. = Deckungsbeitrag I
4. − Produktfixkosten
5. = Deckungsbeitrag II
6. − Produktlinienfixkosten
7. = Deckungsbeitrag III
8. − Unternehmensfixkosten
9. = Deckungsbeitrag IV
   = Betriebsergebnis

Muster für eine kundenspezifische mehrstufige Deckungsbeitragsrechnung:

1.   Bruttoumsatz
2. − direkte Erlösschmälerungen
3. = Nettoumsatz I
4. − indirekte Erlösschmälerungen
5. = Nettoumsatz II
6. − Wareneinsatz (Handel)
7. = Rohertrag
8. − variable Produktionskosten (Industrie)
9. = Deckungsbeitrag I
10. − proportionale, dem Kunden direkt zurechenbare Kosten (z.B. Delkredere, Wechselspesen usw.)
11. = Deckungsbeitrag II
12. − dem Kunden individuell zurechenbare Marketingetats (z.B. Aktionsrabatte)
13. = Deckungsbeitrag III
14. − dem Kunden individuell zurechenbare Verkaufskosten (z.B. persönliche Besuche)
15. = Deckungsbeitrag IV
16. − dem Kunden individuell zurechenbare Logistik- oder Servicekosten (z.B. Spedition, Regalpflege)
17. = Deckungsbeitrag V
18. − Sonderleistungen (z.B. für Einrichtungsgegenstände)
19. = Deckungsbeitrag VI

Es kann sehr bedeutsam sein, sich im Vergleich der Voll- und Teilkostenrechnung die folgenden Verkaufspreisuntergrenzen zu vergegenwärtigen:

- absolute (kurzfristige) Verkaufspreisuntergrenze: *variable Kosten* (DB > 0);

- relative (langfristige) Verkaufspreisuntergrenze: *Gesamtkosten* (= *Selbstkosten*) (Gewinn > 0).

Dies ist Anlaß zu einer Vielzahl komplexer Prüfungsfragen, die erahnen lassen, wie schwierig dieses scheinbar einfache Teilgebiet in Wirklichkeit sein kann. Wer solche Aufgabentypen nicht vor der Prüfung studiert, kann in der Prüfung eine böse Überraschung erleben. Wir präsentieren daher hier zwei Beispiel-Aufgabengestaltungen aus IHK-Prüfungen, da der Autor in mehreren IHK-Prüfungsausschüssen sitzt.

> *Aufgabe 1*: In einem bestimmten Monat lagen die Gesamtkosten eines Unternehmers bei einer Ausbringung von 20.000 Stück bei 124.000 Euro. Im Folgemonat betrug die Ausbringung 24.000 Stück und die Gesamtkosten lagen bei 136.800 Euro. Der Umsatz betrug im ersten Monat 96.000 Euro und im zweiten Monat 115.200 Euro. Veränderungen an den Produktionsmitteln oder den Preisen der Produktionsfaktoren waren nicht zu berücksichtigen.

Beispiel 1: Breakeven aus Gesamtkosten berechnen: Kerngedanke dieser Aufgabengestaltung ist, daß nur Gesamtkosten und Gesamtumsätze sowie die zugehörigen Stückzahlen angegeben werden. Der Prüfungsteilnehmer muß aus der Gesamtkostenänderung die variablen Kosten, aus der Differenz zu den Gesamtkosten die Fixkosten und daraus den Deckungsbeitrag und den Breakeven bestimmen.

Hauptproblem bei diesem Aufgabentyp ist, daß man mit den Standarddefinitionen nicht weiterkommt. Man muß die grundlegenden Konzepte verstanden haben und sie analog anwenden. Das ist schwierig.

Frage 1: Bei welcher Ausbringungsmenge beträgt die Umsatzrentabilität genau 0 %?

Antwort 1: Die Umsatzrentabilität beträgt 0 % beim Breakeven-Punkt, weil da kein Gewinn gemacht wird, zuvor aber Verlust und hernach Gewinn. Es sind also erst die Fixkosten und die variablen Kosten sowie der Stückumsatz zu ermitteln. Der Verkaufspreis beträgt 96.000 : 20.000 = 115.200 : 24.000 = 4,80 €/Stück. Die Mengenänderung bewirkt eine Kostenänderung, die nur auf die variablen Kosten zurückgehen kann (Definition!). Die variablen Kosten betragen also Kostenänderung : Mengenänderung = (136.800 − 124.000) : (24.000 − 20.000) = 3,20 €/Stück. Der Deckungsbeitrag beträgt damit 4,80 − 3,20 = 1,60 €/Stück. Die Fixkosten können aus der Differenz der gesamten variablen Kosten zu den Gesamtkosten ermittelt werden und betragen 124.000 − 3,20 × 20.000 = 136.800 − 3,20 × 24.000 = 60.000 €. Der Breakeven-Punkt ist also bei einer Ausbringung von 37.500 Stück.

Man kann diesen Aufgabentyp noch erweitern; dann ist die Kenntnis der Definition der Umsatzrentabilität erforderlich:

Frage 2: Der Unternehmer strebt eine Umsatzrentabilität von 10 % an. Welche Ausbringung muß er leisten, um dieses Ziel zu erreichen?

Antwort 2: G = 10 % vom Umsatz = 0,1 q X F 9.23
  0,1 q X = U − K_{ges} F 9.24
  0,1 × 4,8 X = 4,8 X − 3,2 X − 60.000 F 9.25
  0,48 X = 1,6 X − 60.000 F 9.26
  60.000 = 1,12 X F 9.27
  X = 53.571,42857 F 9.28

Frage 2: Wie hoch sind Gesamtkosten, Umsatz und Gewinn bei der Lösung aus der vorstehenden Frage?

Antwort 2: K_{ges} = 60.000 + 53.571,42857 × 3,20 = 231.428,571 F 9.29
  U = 4,80 × 53.571,42857 = 257.142,857 F 9.30
  G = 257.142,857 − 231.428,571 = 25.714,2857 F 9.31
  (= genau 10 % vom Umsatz)

Beispiel 2: Breakeven ohne Mengenangaben berechnen. Dieser Aufgabentyp ist noch komplexer und eignet sich gut, Prüfungskandidaten zu kippen. Kernannahme ist, daß eine Menge angenommen werden muß, oder per Dreisatz zu rechnen ist. Es liegen damit sogar zwei alternative Lösungswege vor! Der Aufgabentyp hat aber auch eine praktische Anwendung: Bankmitarbeiter und Unternehmensberater berechnen den Gewinnumsatz manchmal ohne Mengenangabe, wenn sie die Kostenstruktur ihrer Schützlinge kennen, aber keine kontinuierlichen Mengeninformationen vorliegen. Das hat den Zweck, den Umsatz zu finden, der für eine angestrebte Rentabilität erforderlich ist.

Aufgabe 2: Sie werben einem Konkurrenten erfolgreich einen Verkäufer ab, und im Einstellungsgespräch verrät Ihnen dieser, daß Ihr Konkurrent bei einem Umsatz von 300.000 Euro genau kostendeckend gearbeitet hat. Weiterhin habe es bei einem Umsatz von 360.000 Euro eine Umsatzrentabilität von 5 % gegeben, mit der der Konkurrent sehr unzufrieden gewesen sei.

Frage 1: Wie hoch liegen die Fixkosten des Konkurrenten, wenn keine Änderungen von Faktorpreisen oder Produktionsmitteln eingetreten sind?

Antwort 1: Das Hauptproblem besteht hier darin, daß keine Mengendaten genannt sind. Kerngedanke der Lösung: per Dreisatz vorgehen, weil alle Kostenverläufe ja stets linear sind.

Die erste Größe ist der Breakeven-Punkt; die zweite liegt im Gewinnbereich. Die Differenz zwischen beiden beträgt 360.000 − 300.000 = 60.000 € und setzt sich aus Gewinn und variablen Kosten zusammen.

Der Gewinnanteil in dieser Differenz beträgt bei einer Umsatzrentabilität von 5 % genau gerade

  360.000 × 0,05 = 18.000 € F 9.32

Die Differenz von

  60.000 − 18.000 = 42.000 F 9.33

ist also eine variable Kostengröße.
Wie kommt man aber von diesen 42.000 Euro variablen Kosten bei 60.000 Euro Gesamtkosten auf die fixen Kosten bei 300.000? Ganz einfach, man nehme den Dreisatz!

$42.000 : 60.000 = X : 300.000$ F 9.34

ergibt die variablen Kosten; Lösung durch

$K_{var} = 42.000 / 60.000 \times 300.000 = 210.000$ € F 9.35

Aus der Differenz dieses Ergebnisses zu den Gesamtkosten kann man nun die Fixkosten bestimmen:

$K_{fix} = 300.000 - 210.000 = 90.000$ € F 9.36

Didaktischer Hinweis: Man kann es sich auch so verdeutlichen, daß 300.000 einfach als Menge betrachtet wird. Dann wäre der Verkaufspreis = 1 und

$K_{var} = 42.000 / 60.000 = 0,7$ € F 9.37

Die Annahme des Verkaufspreises und der Menge 1 ist dabei beliebig; es geht mit jeder Zahl, wobei es mit der 1 am einfachsten ist.

Zur sehr häufig in diesem Zusammenhang diskutierten Frage der Vom-Hundert-/Im-Hundert-Rechnung: es ist nur ein Umsatz (und kein Gewinn) genannt; es muß daher bei der Berechnung des Gewinnes mit der Vom-Hundert-Rechnung (und keinesfalls mit der Im-Hundert-Rechnung, also 360.000/1,05) gearbeitet werden. Das läßt sich auch durch die Lösung zur folgenden Frage unter Beweis stellen!

Frage 2: Der Konkurrent strebt eine Umsatzrentabilität von 15 % an. Bei welchem Umsatz erreicht er diese?

Antwort 2: Hier ist vorzugehen wie bei der Lösung zur oben dargestellten ersten Aufgabenvariante; allerdings muß hier die Annahme zugrunde gelegt werden, daß der Verkaufspreis 1 Euro und die variablen Stückkosten 0,7 Euro betragen (vgl. oben). Diese Aufgabe ist also ein erweiternder Anwendungsfall der vorstehend demonstrierten Lösungsmethode. Und so geht's:

G = 15 % vom Umsatz = 0,15 q X   F 9.38
0,15 q X = U – K_{ges} F 9.39
0,15 X = X – 0,7 X – 90.000   F 9.40
0,15 X = 0,3 X – 60.000   F 9.41
90.000 = 0,15 X   F 9.42
X = 600.000   F 9.43

9.3. Maschinenrechnung

Die Maschinenrechnung ist eigentlich ein Teilgebiet der Teilkostenrechnung, da Maschinen immer wieder auch Kostenstellen im Betriebsabrechnungsbogen bilden (vgl. bereits oben in Kapitel 9.1).
Die Maschinenkosten werden allgemein aus fixen und variablen (und nicht aus Einzel- und Gemeinkosten) bestimmt:

$$K_{ges_{Periode}} = K_{fix} + X \times K_{var} \qquad \text{F 9.44}$$

Pro Leistungseinheit X ergibt das:

$$K_{ges_{Stück}} = \frac{K_{fix} + X \times K_{var}}{X} \qquad \text{F 9.45}$$

Fixe Maschinenkosten sind mindestens (!) in jedem Fall (!) die sogenannten Vorhaltekosten. Diese bestehen in den Kosten, die für die reine Betriebsbereithaltung (das »Vorhalten«) ohne tatsächliche Nutzung der Anlage entstehen.
Mindestumfang sind die kalkulatorischen Abschreibung

$$Kalk.Abschreibung_{EUR} = \frac{WBW - SW}{n_{tech}} \qquad \text{F 2.5}$$

und die kalkulatorische Verzinsung (Mindestrentabilitätsverzinsung, Vermögensverzinsung):

$$Kalk.Zins = \frac{AK - SW}{2} \times R_{min} \qquad \text{F 4.12}$$

Die Vorhaltekosten sind also mindestens

$$Vorhaltekosten = \frac{WBW - SW}{n_{tech}} + \frac{AK + SW}{2} \times R_{min} \qquad \text{F 4.14}$$

Man hüte sich in diesem Zusammenhang vor dem häufigen Fehler, steuerliche Abschreibung oder an Banken oder sonstige Geldgeber gezahlte Zinsen in die Maschinenkostenrechnung einzubeziehen – diese sind neutrale Aufwendungen und haben in der Kostenrechnung nichts zu suchen!
Pagatorische (zahlungsgleiche) Fixkosten können aber Zwangsabgaben, freiwillige oder erzwungene Versicherungen und dergleichen sein. Wartungs- und Instandhaltungskosten sind Fixkosten, wenn sie nichts mit der Leistung der Anlage zu tun haben (vgl. Abbildung 9.1), also etwa

regelmäßige erzwungene TÜV-Prüfungen. Man spricht von der »administrativen« Instandhaltung. Instandhaltungskosten für die Beseitigung von Verschleiß und Abnutzung zählen zu den variablen Kosten.

Beispiel: Für eine Anlage gelten die folgenden technischen und kaufmännischen Daten:

Neuwert	30.000,00 €
Nutzungsdauer	5 Jahre
Wiederbeschaffungswert	36.000,00 €
Schrottwert	4.000,00 €
TÜV-Prüfung jährlich	2.000,00 €
Rohstoffverbrauch	2,00 kg/St
Rohstoffkosten	0,50 €/kg

Die Mindestrentabilität liege bei R_{min} = 16 % und die Anlage soll 5.000 Stück pro Jahr herstellen. Wie hoch sind die Maschinenkosten?

kalkulatorische Abschreibung	6.400,00 €
kalkulatorischer Zins	2.720,00 €
pagatorische Fixkosten	2.000,00 €
Summe Fixkosten	11.120,00 €
variable Kosten	1,00 €/St
Gesamtkosten pro Jahr	16.120,00 €

Als »kritische Leistung« bezeichnet man die Leistung, bei der die Gesamtkosten zweier Anlagen A und B gleich sind:

$$K_{ges_A} = K_{ges_B} \qquad \text{F 9.46}$$

Setzt man F 9.44 in F 9.46 ein, so erhält man

$$K_{fix_A} + X \times K_{var_A} = K_{fix_B} + X \times K_{var_B}$$

Damit ist die kritische Leistung

$$X_{krit} = \frac{K_{fix_{max}} - K_{fix_{min}}}{K_{var_{max}} - K_{var_{min}}} = \frac{\left|K_{fix_A} - K_{fix_B}\right|}{\left|K_{var_B} - K_{var_B}\right|} \qquad \text{F 9.47}$$

»max« und »min« bezeichnen die jeweils größeren fixen oder variablen Kosten der beiden Anlagen.

Dies setzt aber voraus, daß die Fixkosten der einen und die variablen Stückkosten der anderen Anlage höher sind, also gilt

entweder $\qquad K_{fix_A} < K_{fix_B} \text{ und } K_{var_A} > K_{var_B} \qquad$ F 9.48

oder $\qquad K_{fix_A} > K_{fix_B} \text{ und } K_{var_A} < K_{var_B} \qquad$ F 9.49

Beispiel: Neben der oben dargestellten Anlage besteht noch eine zweite Maschine, die das gleiche Produkt herstellen kann. Im Vergleich bestehen die folgenden Daten:

Anlage	A	B
Neuwert	30.000,00 €	40.000,00 €
Nutzungsdauer	5 Jahre	5 Jahre
Wiederbeschaffungswert	36.000,00 €	48.000,00 €
Schrottwert	4.000,00 €	5.000,00 €
TÜV-Prüfung jährlich	2.000,00 €	2.000,00 €
Rohstoffverbrauch	2,00 kg/St	1,20 kg/St
Rohstoffkosten	0,50 €/kg	0,50 €/kg

Die Mindestrentabilität bleibe bei R_{min} = 16 % und es sollen weiterhin 5.000 Stück pro Jahr hergestellt werden. Wie hoch sind die Maschinenkosten?

Anlage	A	B
kalkulatorische Abschreibung	6.400,00 €	8.600,00 €
kalkulatorischer Zins	2.720,00 €	3.600,00 €
pagatorische Fixkosten	2.000,00 €	2.000,00 €
Summe Fixkosten	11.120,00 €	14.200,00 €
variable Kosten	1,00 €/St	0,60 €/St
Gesamtkosten pro Jahr	16.120,00 €	17.200,00 €

Es ist offensichtlich, daß Anlage A günstiger ist. Was aber wäre, wenn die Leistungsanforderung auf 10.000 Stück/Jahr steigt?

Anlage	A	B
kalkulatorische Abschreibung	6.400,00 €	8.600,00 €
kalkulatorischer Zins	2.720,00 €	3.600,00 €
pagatorische Fixkosten	2.000,00 €	2.000,00 €
Summe Fixkosten	11.120,00 €	14.200,00 €
variable Kosten	1,00 €/St	0,60 €/St
Gesamtkosten pro Jahr	21.120,00 €	20.200,00 €

Die kritische Leistung dieser beiden Anlagen wäre

$$X_{krit} = \frac{14.200 - 11.120}{1 - 0{,}6} = \frac{3.080}{0{,}4} = 7.700 \text{ St}$$

F 9.50

Eine Kontrollrechnung ergibt, daß bei einer Leistung von 7.700 Stück/Jahr beide Anlagen Gesamtkosten von 18.820 Euro verursachen.

Berechnet man eine kritische Leistung und wundert sich dann über ein negatives Vorzeichen, so hat dies fast immer den Grund, daß die Randbedingungen nicht beachtet worden sind.

Der häufigste Anwendungsfall ist die Bestimmung, ab welcher jährlichen Fahrleistung ein Dieselfahrzeug günstiger ist (»billiger« kann man bei den Treibstoffkosten wohl nicht mehr sagen).

Zur Bestimmung des optimalen Ersatzzeitpunktes einer Maschine kann man sich der MAPI-Methode bedienen.

$$r_{MAPI} = \frac{(2)+(3)-(4)-(5)}{(1)}$$ F 9.51

Die Altanlage wird hier als »Defender« und die neue Ersatzmaschine mit »Challenger« bezeichnet, was dennoch nicht auf einen Boxkampf hindeutet. In der Formel gilt:

(1) Wert (=Ausgabe) der Ersatzinvestition;
(2) Mehrgewinn infolge Ersatzinvestition;
(3) vermiedener Kapitalverzehr des nächsten Jahres (=AfA des Defender);
(4) entstehender Kapitalverzehr der Neuanlage (z.b. AfA des Challenger) im nächsten Jahr;
(5) durchschnittliche zusätzliche Ertragssteuern unter Berücksichtigung aller relevanten Vorgänge.

Der Ersatz der Altanlage (Defender) durch die Ersatzmaschine (Challenger) lohnt sich, wenn gilt

$$r_{MAPI} > R_{min}$$ F 9.52

Beispiel:

(1) Nettoinvestitionsausgabe Ersatzinvestition (Challenger): 150.000,00 €
(2) laufender Betriebsmehrgewinn des nächsten Jahres: 50.000,00 €
(3) vermiedener Kapitalverzehr des nächsten Jahres:
    Restwert des Defender am Anfang des nächsten Jahres: 20.000,00 €
    − Restwert des Defender am Ende des nächsten Jahres: 14.000,00 €
    = Vermiedener Kapitalverzehr des nächsten Jahres: 6.000,00 €
    Wenn der Defender verkauft wird, Verkaufspreis eintragen: 25.000,00 €
(4) entstehender Kapitalverzehr des nächsten Jahres:
    Wert des Challengers am Anfang des nächsten Jahres: 150.000,00 €
    − Wert des Challenger am Ende des nächsten Jahres: 127.500,00 €
    = entstehender Kapitalverzehr des nächsten Jahres: 22.500,00 €
(5) Durch Investition zusätzlich anfallende Ertragssteuer:
    anwendbarer Gewinnsteuersatz oder Grenzsteuersatz: 25,00 %
    = Ertragssteuer ist fällig auf Mehrgewinn: 12.500,00 €
    = Verkauf des Defender steuerlich berücksichtigen: 1.250,00 €
    = AfA des Challenger wird steuermindernd gebucht: 5.625,00 €
    Σ steuerliche Gesamtdifferenz: 8.125,00 €

Die MAPI-Rentabilität beträgt in diesem Fall 16,9167 %. Der Ersatz lohnt sich, wenn die Mindestrentabilität des Betriebes kleiner als dieser Wert ist.

Die MAPI-Methode ist das einzige (!) Verfahren der Maschinenrechnung, das steuerliche Abschreibungen berücksichtigt, und ist zudem die einzige Methode, die die Ertragsbesteuerung einbezieht. Die Unterscheidung zwischen »Kosten« (kalkulatorische Abschreibung) und »Aufwendungen« (steuerliche AfA) wird hier also nicht gemacht. Das hat Folgen: Sinkt beispielsweise der Ertragsteuersatz im vorstehenden Beispiel von 25 % auf 20 %, so steigt die Ersatzrentabilität auf 18 %. Niedrigere Steuern führen also dazu, daß Ersatzinvestitionen lohnender erscheinen – was im Prinzip ja auch der »gesunde Menschenverstand« gewußt hätte.

9.4. Taktische Make-or-Buy-Entscheidung

Die Make-or-Buy-Entscheidung ist ein Teil der Outsourcing- oder Insourcing-Entscheidung. Outsourcing bedeutet die Verlagerung betrieblicher Teilfunktionen an externe Unternehmen oder Dienstleister, und mit ihr meist die Verlagerung ins Ausland (Internationalisierung), so daß steuerliche oder politisch-ideologische Einschränkungen innerhalb der EU umgangen werden können, und Insourcing bezieht sich auf die Hereinnahme (ggfs. zusätzlicher) betrieblicher Funktionen. Während die Outsourcing- oder Insourcing-Entscheidung fast immer strategisch und damit langfristig und unmathematisch ist, wird bei der Make-or-Buy-Frage eine taktische, also kurzfristige und numerisch begründete Entscheidung gefällt.

Kerngedanke ist, daß die Entscheidung über Kaufen oder Produzieren ein Sonderfall der Deckungsbeitragsrechnung ist. Die grundlegende DB-Definition

$$DB = P_{vk} - K_{var}$$
F 9.19

muß hierzu aber in

$$DB_{MoB} = P_{ek} - K_{var_{Prod}}$$
F 9.53

modifiziert werden. Der Punkt, ab dem sich das Produzieren lohnt, wird dann wie in F 9.21 berechnet. Das ist in der Praxis meist nur bei Rabatten im Einkauf sinnvoll, wenn mehrere solche Grenzübergänge bestehen.

Beispiel: Die Fixkosten betragen 20.000 Euro pro Jahr und die variablen Kosten 6 Euro pro Stück. Alternativ bietet ein Lieferant die folgenden Konditionen:

Einkaufspreis:		15 €/St
1. Rabattgrenze:	ab 4000,00 St/Jahr	10 €/St
2. Rabattgrenze:	ab 8000,00 St/Jahr	8 €/St

Werden wir produzieren oder einkaufen? Zunächst ist für jede Rabattstufe der DB_{MoB} und der X_{min} zu berechnen:

q	DB_{MoB}	X_{min}	von	bis
15 €/St	9 €/St	2.222,22 St	1 St	4.000 St
10 €/St	4 €/St	5.000,00 St	4.001 St	8.000 St
8 €/St	2 €/St	10.000,00 St	8.001 St	unendlich

Die Übersicht zeigt zugleich, daß alle X_{min}-Grenzwerte sich auch innerhalb ihres jeweiligen Rabattmengenbereiches befinden. Das kann man folgendermaßen visualisieren:

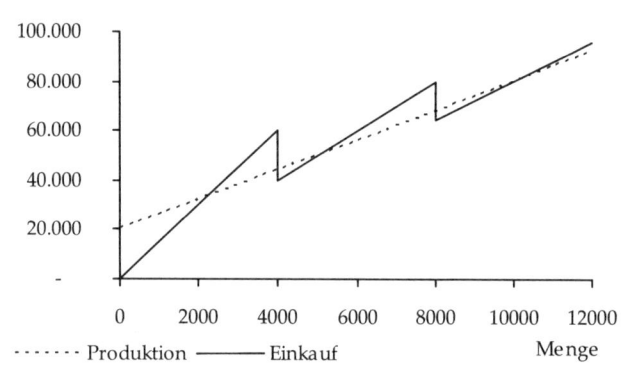

```
100.000
 80.000
 60.000
 40.000
 20.000
      0    2000  4000  6000  8000  10000  12000
······· Produktion ——— Einkauf              Menge
```
Abbildung 9.5: Visualisierung der Grenzwerte bei taktischer Make-or-Buy-Entscheidung

Jeder »Zacken« in diesem Diagramm ist dabei eine Rabattstufe und jeder Schnittpunkt eine Grenze zwischen Kaufen und Eigenproduktion als kostenminimale Handlungsweise.

Wir erhalten also die folgenden Empfehlungen:

von	bis	kostenoptimal ist
1 St	2.222 St	Einkaufen
2.223 St	4.000 St	Produzieren
4.001 St	5.000 St	Einkaufen
5.001 St	8.000 St	Produzieren
8.001 St	10.000 St	Einkaufen
10.001 St	unendlich	Produzieren

Solche Fragen sind in Prüfungen häufig, und sie eignen sich gut für Fallen aller Art. Ist beispielsweise die erste Rabattstufe nicht 10 Euro/St, sondern nur 12 Euro/St, so erhalten wir:

q	DB_{MoB}	X_{min}	von	bis
15 €/St	9 €/St	2.222,22 St	1 St	4.000 St
10 €/St	6 €/St	3.333,33 St	4.001 St	8.000 St
8 €/St	2 €/St	10.000,00 St	8.001 St	unendlich

Hier fällt auf, daß die zweite Zeile (erste Rabattstufe) einen X_{min}-Wert aufweist, der gar nicht im »Gültigkeitsbereich« liegt:

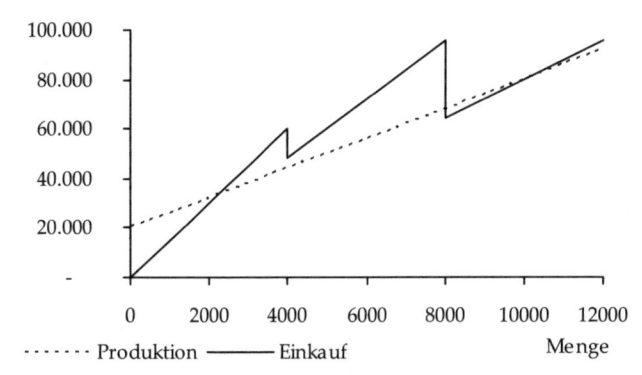

Abbildung 9.5: Visualisierung der Grenzwerte bei taktischer Make-or-Buy-Entscheidung

Die kostenoptimalen Verhaltensweisen sind also jetzt:

von	bis	kostenoptimal ist
1 St	2.222 St	Einkaufen
2.223 St	8.000 St	Produzieren
8.001 St	10.000 St	Einkaufen
10.001 St	unendlich	Produzieren

9.5. Plankostenrechnung

Man unterscheidet die starre und die flexible Plankostenrechnung. Die starre Plankostenrechnung ist außer in Prüfungen kaum irgendwo anzutreffen.

Die starre Plankostenrechnung beruht darauf, für den Planzustand einen Kostenwert zu bestimmen und diesen dann für andere mögliche Ausbringungen zu interpolieren. Der Plankostenwert pro Stück heißt auch Plankostenverrechnungssatz, und der interpolierte Wert ist als verrechnete Plankosten bei Istbeschäftigung bekannt. Vergleicht man die verrechneten Plankosten bei Istbeschäftigung mit den Istkosten bei der tatsächlichen Ausbringung, so entsteht die Gesamtabweichung.

Für den Plankostenverrechnungssatz gilt:

$$Plankostenverrechnungssatz = \frac{gesamte\,Plankosten}{Planbeschäftigung} \qquad F\ 9.54$$

Die verrechneten Plankosten bei Istbeschäftigung entstehen, wenn man diesen Verrechnungssatz mit der Istbeschäftigung multipliziert; die Gesamtabweichung ist dann die Differenz zwischen Istkosten und verrechneten Plankosten bei Istbeschäftigung.

Beispiel: Die Plankosten für einen bestimmten betrieblichen Leistungsprozeß betragen 48.000 Euro. Dieser Wert kann eine Summe aus Einzel- und Gemeinkosten sein, wird aber nicht weiter differenziert. Die Planung sagt auch, daß die Plankosten bei einer Leistung von 6.000 Stunden entstehen. Der Plankostenverrechnungssatz ist also

$$Plankostenverrechnungssatz = \frac{48.000\,€}{6.000\,Std.} = 8\,€/Std.$$

F 9.55

Die Istkosten sind die Kosten, die tatsächlich festgestellt wurden, und die Istbeschäftigung ist die tatsächlich erbrachte Leistung. In unserem Beispiel seien die Istkosten 42.000 Euro bei einer Istleistung von 5.500 Stunden.

Die verrechneten Plankosten bei Istbeschäftigung betragen aber 44.000 Euro, nämlich aus der Multiplikation der Istbeschäftigung von 5.500 Stunden mit dem Plankostenverrechnungssatz von 8 Euro/Stunde. Die Gesamtabweichung beträgt nunmehr 44.000 Euro – 42.000 Euro = 2.000 Euro.

Diese Methode leidet an dem großen Nachteil, das Verhältnis der fixen und variablen Kosten zu ignorieren. Bei Istkosten von 44.000 Euro und einer Istbeschäftigung von 5.500 Stunden wären die Kosten pro Stunde nämlich eigentlich nur 7,6364 Euro. Dies wird von der Berechnungsmethode nicht berücksichtigt. Das Verfahren hat daher absolut keine praktische Bedeutung außer in den Prüfungen insbesondere der Industrie- und Handelskammer.

Dort läßt sich nämlich eine prachtvolle Falle aus so einfachen Ausgangsdaten konstruieren: Ist nur nach der Gesamtabweichung gefragt, denken die allermeisten Prüfungsteilnehmer an den Unterschied zwischen Ist- und Plankosten und subtrahieren die 42.000 Euro von den 48.000 Euro. Der so offensichtlich scheinende Wert von 6.000 Euro ist aber falsch. Wie fair eine solche Frage nach einer Rechenmethode ohne jede praktische Relevanz ist, steht aber auf einem ganz anderen Blatt – und im Vorfeld einer Prüfung ist das gewiß nicht die richtige Frage.

Die flexible Plankostenrechnung beruht auf der differenzierten Betrachtung der fixen und variablen Kosten. Die Rechenschritte sind:

- Bestimmung der fixen und variablen Plankosten: dieser Rechenschritt bereitet die numerische Grundlage für die folgende Auswertung vor.
- Der Plankostenverrechnungssatz kann jetzt auf gleiche Art wie bei der starren Plankostenrechnung berechnet werden.
- Ermittlung der verrechneten Plankosten bei Istbeschäftigung.
- Ermittlung der Sollkosten:

$$\text{Sollkosten} = \frac{\text{var.Plankosten} \times \text{Istbeschäftigung}}{\text{Planbeschäftigung}} + K_{fix} \quad \text{F 9.56}$$

- Die Verbrauchsabweichung ist jetzt die Differenz aus Soll- und Istkosten.
- Die Beschäftigungsabweichung ist die Differenz zwischen verrechneten Plankosten bei Istbeschäftigung und Sollkosten und kommt außer in Klausuren nirgendwo vor, weil kein vernünftiger Mensch in realen Betrieben die starre Plankostenrechnung anwendet.
- Die Gesamtabweichung schließlich ist die Differenz zwischen verrechneten Plankosten bei Istbeschäftigung und Istkosten und ebenfalls kaum praxisrelevant.

Beispiel: Es gelten folgende Ausgangsdaten:

Planbeschäftigung: .... 6.000 Std.
Plankosten   fix: .... 15.000 €
              variabel: .... 33.000 €
              gesamt: .... 48.000 €
Istbeschäftigung: .... 5.500 Std.
Istkosten: .... 42.000 €

Dies führt zu den folgenden Ergebnissen, die sich zugleich auch wieder auf die starre Rechenmethode berufen, was hier nur deshalb so ist, weil es in Prüfungen oft so gemacht wird, nicht aber in realen Anwendungsbeispielen:

Plankostenverrechnungssatz: .... 8 €/Std.
vVerrechnete Plankosten bei Istbeschäftigung: .... 44.000 €
Sollkosten: .... 45.250 €

$$\text{Sollkosten} = \frac{33.000\,€ \times 5.500\,\text{Std.}}{6.000\,\text{Std.}} + 15.000\,€ \quad \text{F 9.57}$$

Verbrauchsabweichung: .... 3.250 €
Beschäftigungsabweichung: .... −1.250 €
Gesamtabweichung: .... 2.000 €

10. Anhang

10.1. Verzeichnis der mathematischen Symbole

a	Annuität
A	Anlagedeckung
AfA	Absetzung für Abnutzung
AK	Anschaffungskosten
A_K	Auszahlungsbetrag eines Darlehens mit der Nummer K [Preisangabeverordnung]
A'_K	Betrag der Tilgungszahlung oder eine Zahlung von Kosten mit der Nummer K' [Preisangabeverordnung]
A_t	Auszahlung zum Zeitpunkt t
AV	Anlagevermögen
BarVKP	Barverkaufspreis
C	Kapitalbetrag
C_0	Anfangskapitalbetrag
CAGR	Compound Annual Growth Rate
C_{bnotw}	Betriebsnotwendiges Kapital
CFP	Cash-flow Profitability (Cash-flow Umsatzverdienstrate)
C_n	Endkapitalbetrag
CoC	Cost of Capital
C_W	Working Capital
D	Disagio (Abgeld bei Darlehen)
D	Diskont (umsatzsteuerpflichtiger Zins bei Wechseln)
DB	Deckungsbeitrag
db	Deckungsbeitrag eines einzelnen Produktes
Degr.AfA	Degressive Abschreibung
EB	Eiserner Bestand
EH	Ertragshundertsatz [Stuttgarter Verfahren]
EK	Eigenkapital [externes Rechnungswesen]
EK	Einzelkosten [internes Rechnungswesen]
EK_M	Marktwert des Eigenkapitals (in WACC)
EPS	Earnings per Share
E_t	Einzahlung zum Zeitpunkt t
EVA	Economic Value Added
FGK	Fertigungsgemeinkosten
FK	Fremdkapital (= Schulden, Verbindlichkeiten)
FL	Fertigungslöhne
FM	Fertigungsmaterial
G	Gewinn
GK	Gemeinkosten [internes Rechnungswesen]
GK	Gesamtkapital (= Bilanzsumme) [externes Rechnungswesen]

GK_M	Marktwert des Gesamtkapitals (in WACC)
GW	Gemeiner Wert [Stuttgarter Verfahren]
HB	Höchstbestand
HK	Herstellungskosten
HKP	Herstellungskosten der Produktion
HKU	Herstellungskosten des Umsatzes
i	Zähler für Objekte oder Rechnungsperioden, z.B. i = 1, 2, 3, ..., n
i	Zinssatz
i_{eff}	Effektiver Zinssatz (= interner Zinssatz)
i_{EK}	Eigenkapitalzins (in WACC)
i_{FK}	Fremdkapitalzins (in WACC)
i_{nom}	Nominaler Zinssatz
l_t	Leistung der Periode t
K	Laufende Nummer der Auszahlung eines Darlehens oder Darlehensabschnittes [Preisangabeverordnung]
K'	Laufende Nummer der Tilgungszahlung oder einer Zahlung von Kosten [Preisangabeverordnung]
K_A	Auszahlungskurs (bei Darlehen mit Disagio)
KA	Kalkulationsaufschlag
KBV	Kurs-Buchwert-Verhältnis
KCV	Kurs-Cash-flow-Verhältnis
KF	Kalkulationsfaktor
kfr	Kurzfristig
KGV	Kurs-Gewinn-Verhältnis
KSt%	Körperschaftsteuersatz in Prozent (§ 23 KStG)
KUV	Kurs-Umsatz-Verhältnis
L	Gesamtleistung einer Anlage
L	Liquidität
L*	Lorenz-Konzentrationsmaß
L&L	Lieferungen und Leistungen
LDØ	Durchschnittliche Lagerdauer
LD_{max}	Maximale Lagerdauer
lfr	Langfristig
LGZ	Lohngemeinkostenzuschlagssatz
Lin.AfA	Lineare Abschreibung
LU	Lagerumschlagshäufigkeit
m	Anzahl der Zinstermine pro Jahr
m	Laufende Nummer der letzten Auszahlung des Darlehens oder Darlehensabschnittes [Preisangabeverordnung]
MC	Maschinenkosten (Summe aus fixen und variablen)
MGK	Materialgemeinkosten
MGZ	Materialgemeinkostenzuschlagssatz
MVA	Market Value Added
MS	Maschinenstundensatz
MZ	Maschinenzeit
µ	Mittelwert, Durchschnitt
$µ_{Kurs}$	Mittelkurs eines Wertpapieres
n	Anzahl von Objekten oder Rechnungsperioden
n_{kfm}	Kaufmännische Lebensdauer eines Anlagevermögensgegenstandes, i.d.R. aufgrund einer AfA-Tabelle oder sonstigen gesetzlichen oder externen Vorschrift
NOA	Net Operating Assets

NOPAT	Net Operating Profit After Taxes
n_{tech}	Technische Lebensdauer eines Anlagevermögensgegenstandes
p	Preisniveauanstieg; Inflation
P	Produktivität
p.a.	Per annum (pro Jahr)
P_{vk}	Verkaufspreis
q	Preis
r	Rente
R	Rentabilität
R_0	Rentenbarwert
RAROC	Risk-adjusted Return on Capital
R_{EK}	Eigenkapitalrentabilität
R_{GK}	Gesamtkapitalrentabilität
r_{MAPI}	MAPI-Rentabilität (unter Verwendung der MAPI-Formel berechnete Maschinenersatzrentabilität)
R_n	Rentenendwert
R_t	Rentenzeitwert zum Zeitpunkt t
R_U	Umsatzrentabilität
SK	Selbstkosten
S_n	Rentenbar- oder Rentenendwertfaktor
σ	Standardabweichung
σ_{Kurs}	Volatilität, Standardabweichung vom Mittelkurs eines Wertpapiers
$r^\wedge$	Interner Zinssatz (= effektiver Zinssatz)
t	Zeitpunkt, gemessen in Perioden
t_f	Tilgungsfreie Zeit (bei Darlehen)
t_K	Der in Jahren oder Jahresbruchteilen ausgedrückte Zeitabstand zwischen dem Zeitpunkt der Darlehensauszahlung mit der Nummer 1 und den Zeitpunkten darauffolgender Darlehensauszahlungen mit den Nummern 2 bis m; $t_1 = 0$ [Preisangabeverordnung]
$t'_{K'}$	Der in Jahren oder Jahresbruchteilen ausgedrückte Zeitabstand zwischen dem Zeitpunkt der Darlehensauszahlung mit der Nummer 1 und den Zeitpunkten der Tilgungszahlung oder Zahlung von Kosten mit den Nummern 2 bis m; $t_1 = 0$ [Preisangabeverordnung]
SV	Sozialversicherung
SW	Schrottwert, auch: Wiederveräußerungswert, jeweils bei $t = n_{tech}$
UV	Umlaufvermögen
V	Gesamtverbrauch an einem Artikel über das Jahr [Materialwirtschaft]
V	Verbrauch [relative Deckungsbeitragsrechnung]
V_{Tag}	Verbrauch an einem Artikel pro Tag [Materialwirtschaft]
VtGK	Vertriebsgemeinkosten
VtZS	Vertriebsgemeinkostenzuschlagssatz
VW	Vermögenswert [Stuttgarter Verfahren]
VwGK	Verwaltungsgemeinkosten
VwZS	Verwaltungsgemeinkostenzuschlagssatz
W	Wirtschaftlichkeit
WACC	Weighed Average Cost of Capital
WANOS	Weighed Average Number of Ordinary Shares
WBW	Wiederbeschaffungswert
y*	Prognosewert aus Regressionsgleichung (das * deutet an, daß das Ergebnis keinen konkreten Wert erklärt, sondern nur auf den wahrscheinlichsten Wert der Merkmalsausprägung deutet)

X   Menge
X_{krit} Kritische Leistung zweier Anlagen
X_{min} Breakeven-Punkt

10.2. Sonstige Abkürzungen

AktG	Aktiengesetz
AltEinkG	Gesetz zur Neuordnung der einkommensteuerrechtlichen Behandlung von Altersvorsorgeaufwendungen und Altersbezügen (Alterseinkünftegesetz)
AO	Abgabenordnung
BGB	Bürgerliches Gesetzbuch
BMF	Bundesminister der Finanzen
BSC	Balanced Scorecard
BStBl	Bundessteuerblatt
ESt	Einkommensteuer
EStG	Einkommensteuergesetz
EStR	Einkommensteuerrichtlinien
EWB	Einzelwertberichtigung
EZB	Europäische Zentralbank
F	Framework
GewSt	Gewerbesteuer
GewStG	Gewerbesteuergesetz
GmbHG	Gesetz betreffend die Gesellschaften mit beschränkter Haftung (GmbH-Gesetz)
GuV	Gewinn- und Verlustrechnung
HGB	Handelsgesetzbuch
IAS	International Accounting Standards
IFRS	International Financial Reporting Standards
II. BV	II. Verordnung über wohnwirtschaftliche Berechnungen (II. Berechnungsverordnung)
KSt	Körperschaftsteuer
KStG	Körperschaftsteuergesetz
MAPI	Machines And Allied Products Institute
PAngV	Preisangabeverordnung
PWB	Pauschalwertberichtigung
R	Richtlinie
TQM	Total Quality Management
US	United States [of America]
VStR	Vermögensteuerrichtlinien
VBA	VisualBASIC®

10.3. Allgemeine AfA-Tabellen

Die folgende AfA-Tabelle gilt für alle Anlagegüter (Wirtschaftsgüter), die nach dem 30.06.1997 angeschafft worden sind. Sie vergleicht den Abschreibungszeitraum bis zum 31.12.2000 mit den Neuregelungen ab dem 01.01.2001. Sonderabschreibungen oder die Abschreibung der geringwertigen Wirtschaftsgüter werden hiervon nicht berührt.

Amtliche Vorbemerkungen zu den AfA-Tabellen:

Die in diesen Tabellen für die einzelnen Anlagegüter angegebene betriebsgewöhnliche Nutzungsdauer (ND) beruht auf Erfahrungen der steuerlichen Betriebsprüfung. Den Fachverbänden der Wirtschaft ist Gelegenheit gegeben worden, an der Aufstellung der AfA-Tabellen mitzuwirken.

1. Die in den AfA-Tabellen angegebene ND ist mit Ausnahme der Angaben in der AfA-Tabelle für allgemein verwendbare Anlagegüter branchengebunden. Sind Anlagegüter sowohl in der AfA-Tabelle für allgemein verwendbare Anlagegüter als auch in einer branchengebundenen AfA-Tabelle aufgeführt, gilt für die branchenzugehörigen Steuerpflichtigen der Wert der Branchentabelle.
2. Die in den AfA-Tabellen angegebene ND dient als Anhaltspunkt für die Beurteilung der Angemessenheit der steuerlichen Absetzung für Abnutzung (AfA). Sie berücksichtigt die technische Abnutzung eines unter üblichen Bedingungen arbeitenden Betriebs (auch branchenüblicher Schichtbetrieb). Eine mit wirtschaftlicher Abnutzung begründete kürzere Nutzungsdauer kann den AfA nur zugrunde gelegt werden, wenn das Wirtschaftsgut vor Ablauf der technischen Nutzbarkeit objektiv wirtschaftlich verbraucht ist. Ein wirtschaftlicher Verbrauch ist nur anzunehmen, wenn die Möglichkeit einer wirtschaftlich sinnvollen (anderweitigen) Nutzung oder Verwertung endgültig entfallen ist (vgl. BFH vom 19.11.1997, BStBl. 1998 II S. 59).
3. Durch die Aufnahme eines Anlagegutes in die AfA-Tabellen ist nicht über seine Zugehörigkeit zu den Betriebsvorrichtungen, Gebäuden oder baulichen Einzelbestandteilen entschieden. Die Abgrenzung richtet sich nach den Verhältnissen des Einzelfalles; vgl. die einkommensteuerrechtlichen Regelungen bzw. die Richtlinien für die Abgrenzung der Betriebsvorrichtungen vom Grundvermögen.
4. Die Begriffe »Leichtbauweise« und »massiv« werden wie folgt definiert:
Leichtbauweise: Bauausführung im Fachwerk oder Rahmenbau mit einfachen Wänden z.B. aus Holz, Blech, Faserzement o.ä., Dächer nicht massiv (Papp-, Blech- oder Wellfaserzementausführung).
massiv: Gemauerte Wände aus Ziegelwerk oder Beton, massive Betonfertigteile, Skelettbau, Dächer aus Zementdielen oder Betonfertigteilen, Ziegeldächer.

Die überarbeiteten AfA-Tabellen sind erstmals auf abnutzbare Anlagegüter anzuwenden, die am Tag nach dem in den Vorbemerkungen zur jeweiligen AfA-Tabelle genannten Datum angeschafft oder hergestellt werden.

Geht eine Verlustzuweisungsgesellschaft (§ 2b EStG) nach ihrem eigenen Betriebskonzept von einer erheblich längeren Nutzungsdauer als in den amtlichen AfA-Tabellen angegeben aus und beruht ihre Betriebsführung überwiegend auf diesem Umstand, wird die in ihrem Betriebskonzept zugrunde gelegte Nutzungsdauer angewandt.

Unberührt davon bleiben Wirtschaftsgüter, wenn der für die Anschaffung oder Herstellung maßgebliche obligatorische Vertrag oder gleichstehende Rechtsakt vor dem 5. März 1999 rechtswirksam abgeschlossen und das Wirtschaftsgut vor dem 1. Januar 2001 angeschafft oder hergestellt wurde.

Allgemeine AfA-Tabellen

1 Unbewegliches Anlagevermögen

Nr.	Gegenstand	1997–2000	ab 2001
1.1	Hallen in Leichtbauweise	10 Jahre	14 Jahre
1.2	Tennishallen, Squashhallen u.ä.	20 Jahre	20 Jahre
1.3	Traglufthallen	10 Jahre	10 Jahre
1.4	Kühlhallen	20 Jahre	20 Jahre
1.5	Baracken und Schuppen	10 Jahre	16 Jahre
1.6	Baubuden	8 Jahre	8 Jahre
1.7	Bierzelte	8 Jahre	8 Jahre
1.8	Pumpenhäuser, Trafostationshäuser und Schalthäuser	20 Jahre	20 Jahre
1.9	Silobauten		
1.9.1	aus Beton	33 Jahre	33 Jahre
1.9.2	aus Stahl	25 Jahre	25 Jahre
1.9.3	aus Kunststoff	17 Jahre	17 Jahre
1.10	Schornsteine		
1.10.1	aus Mauerwerk oder Beton	33 Jahre	33 Jahre
1.10.2	aus Metall	10 Jahre	10 Jahre
1.11	Laderampen	25 Jahre	25 Jahre

2 Grundstückseinrichtungen

Nr.	Gegenstand	1997–2000	ab 2001
2.1	Fahrbahnen, Parkplätze und Hofbefestigungen		
2.1.1	mit Packlage	15 Jahre	19 Jahre
2.1.2	in Kies, Schotter, Schlacken	5 Jahre	9 Jahre
2.2	Straßen- und Wegebrücken		
2.2.1	aus Stahl und Beton	33 Jahre	33 Jahre
2.2.2	aus Holz	15 Jahre	15 Jahre
2.3	Umzäunungen		
2.3.1	aus Holz	5 Jahre	5 Jahre
2.3.2	Sonstige	15 Jahre	17 Jahre
2.4	Außenbeleuchtung, Straßenbeleuchtung	15 Jahre	19 Jahre
2.5	Orientierungssysteme, Schilderbrücken	10 Jahre	10 Jahre
2.6	Uferbefestigungen	20 Jahre	20 Jahre
2.7	Bewässerungsanlagen, Entwässerungsanlagen und Kläranlagen		
2.7.1	Brunnen	20 Jahre	20 Jahre
2.7.2	Drainagen		
2.7.2.1	aus Beton oder Mauerwerk	33 Jahre	33 Jahre
2.7.2.2	aus Ton oder Kunststoff	10 Jahre	13 Jahre
2.7.3	Kläranlagen m. Zu- und Ableitung	20 Jahre	20 Jahre
2.7.4	Löschwasserteiche	20 Jahre	20 Jahre
2.7.5	Wasserspeicher	20 Jahre	20 Jahre
2.8	Grünanlagen	10 Jahre	15 Jahre
2.9	Golfplätze	20 Jahre	20 Jahre

3 Betriebsanlagen allgemeiner Art

Nr.	Gegenstand	1997–2000	ab 2001
3.1	Krafterzeugungsanlagen		
3.1.1	Dampferzeugung (Dampfkessel mit Zubehör)	15 Jahre	15 Jahre
3.1.2	Stromerzeugung (Gleichrichter, Ladeaggregate, Notstromaggregate, Stromgeneratoren, Stromumformer usw.)	15 Jahre	19 Jahre
3.1.3	Akkumulatoren	10 Jahre	10 Jahre
3.1.4	Kraft-Wärmekopplungsanlagen (Blockheizkraftwerke)	10 Jahre	10 Jahre

3.1.5	Windkraftanlagen	12 Jahre	16 Jahre
3.1.6	Photovoltaikanlagen	20 Jahre	20 Jahre
3.1.7	Solaranlagen	10 Jahre	10 Jahre
3.1.8	Heißluft-, Kälteanlagen, Kompressoren, Ventilatoren	10 Jahre	14 Jahre
3.1.9	Kessel einschl. Druckkessel	15 Jahre	15 Jahre
3.1.10	Wasseraufbereitungsanlagen	12 Jahre	12 Jahre
3.1.11	Wasserenthärtungsanlagen	12 Jahre	12 Jahre
3.1.12	Wasserreinigungsanlagen	8 Jahre	11 Jahre
3.1.13	Druckluftanlagen	10 Jahre	12 Jahre
3.1.14	Wärmetauscher	15 Jahre	15 Jahre
3.2	Rückgewinnungsanlagen	10 Jahre	10 Jahre
3.3	Meß- und Regeleinrichtungen		
3.3.1	allgemein	15 Jahre	18 Jahre
3.3.2	Emissionsmeßgeräte	6 Jahre	8 Jahre
3.3.3	Materialprüfgeräte	7 Jahre	10 Jahre
3.3.4	Ultraschallgeräte (nicht medizinisch)	10 Jahre	10 Jahre
3.3.5	Vermessungsgeräte		
3.3.5.1	elektronisch	5 Jahre	8 Jahre
3.3.5.2	mechanisch	8 Jahre	12 Jahre
3.4	Transportanlagen		
3.4.1	Elevatoren, Förderschnecken, Rollenbahnen, Hängebahnen, Transportbänder, Förderbänder und Plattenbänder	10 Jahre	14 Jahre
3.4.2	Gleisanlagen mit Drehscheiben, Weichen, Signalanlagen u.ä.		
3.4.2.1	nach gesetzlichen Vorschriften	25 Jahre	33 Jahre
3.4.2.2	sonstige	10 Jahre	15 Jahre
3.4.3	Krananlagen		
3.4.3.1	ortsfest oder auf Schienen	15 Jahre	21 Jahre
3.4.3.2	sonstige	10 Jahre	14 Jahre
3.4.4	Aufzüge, Winden, Arbeitsbühnen, Hebebühnen, Gerüste, Hublifte		
3.4.4.1	stationär	10 Jahre	15 Jahre
3.4.4.2	mobil	8 Jahre	11 Jahre
3.5	Hochregallager	15 Jahre	15 Jahre
3.6	Transportcontainer, Baucontainer, Bürocontainer und Wohncontainer	8 Jahre	10 Jahre
3.7	Ladeneinbauten, Gaststätteneinbauten, Schaufensteranlagen u. -einbauten	7 Jahre	10 Jahre
3.8	Lichtreklame	6 Jahre	9 Jahre
3.9	Schaukästen, Vitrinen	5 Jahre	9 Jahre
3.10	sonstige Betriebsanlagen		
3.10.1	Brückenwaagen	20 Jahre	20 Jahre
3.10.2	Tank- und Zapfanlagen für Treib- und Schmierstoffe	10 Jahre	14 Jahre
3.10.3	Brennstofftanks	25 Jahre	25 Jahre
3.10.4	Autowaschanlagen	7 Jahre	10 Jahre
3.10.5	Abzugsvorrichtungen, Entstaubungsvorrichtungen	10 Jahre	14 Jahre
3.10.6	Alarmanlagen und Überwachungsanlagen	8 Jahre	11 Jahre
3.10.7	Sprinkleranlagen	20 Jahre	20 Jahre

4 Fahrzeuge

Nr.	Gegenstand	1997–2000	ab 2001
4.1	Schienenfahrzeuge	25 Jahre	25 Jahre
4.2	Straßenfahrzeuge		
4.2.1	Personenkraftwagen und Kombiwagen	5 Jahre	6 Jahre
4.2.2	Motorräder, Motorroller, Fahrräder u.ä.	5 Jahre	7 Jahre
4.2.3	Lastkraftwagen, Sattelschlepper, Kipper	7 Jahre	9 Jahre
4.2.4	Traktoren und Schlepper	8 Jahre	12 Jahre
4.2.5	Kleintraktoren	5 Jahre	8 Jahre
4.2.6	Anhänger, Auflieger, Wechselaufbauten	8 Jahre	11 Jahre

4.2.7	Omnibusse	6 Jahre	9 Jahre
4.2.8	Sonderfahrzeuge		
4.2.8.1	Feuerwehrfahrzeuge	10 Jahre	10 Jahre
4.2.8.2	Rettungsfahrzeuge und Krankentransportfahrzeuge	6 Jahre	6 Jahre
4.2.9	Wohnmobile, Wohnwagen	6 Jahre	8 Jahre
4.2.10	Bauwagen	8 Jahre	12 Jahre
4.3	Luftfahrzeuge		
4.3.1	Flugzeuge unter 20 t höchstzulässigem Fluggewicht	14 Jahre	21 Jahre
4.3.2	Drehflügler (Hubschrauber)	14 Jahre	19 Jahre
4.3.3	Heißluftballone	5 Jahre	5 Jahre
4.3.4	Luftschiffe	8 Jahre	8 Jahre
4.4	Wasserfahrzeuge		
4.4.1	Barkassen	20 Jahre	20 Jahre
4.4.2	Pontons	30 Jahre	30 Jahre
4.4.3	Segelyachten	20 Jahre	20 Jahre
4.5	sonstige Beförderungsmittel (Elektrokarren, Stapler, Hubwagen usw.)	5 Jahre	8 Jahre

5 Bearbeitungsmaschinen und Verarbeitungsmaschinen

Nr.	Gegenstand	1997–2000	ab 2001
5.1	Abrichtmaschinen	10 Jahre	13 Jahre
5.2	Biegemaschinen	10 Jahre	13 Jahre
5.3	Bohrmaschinen		
5.3.1	stationär	10 Jahre	16 Jahre
5.3.2	mobil	5 Jahre	8 Jahre
5.4	Bohrhämmer und Preßlufthämmer	5 Jahre	7 Jahre
5.5	Bürstmaschinen	10 Jahre	10 Jahre
5.6	Drehbänke	10 Jahre	16 Jahre
5.7	Fräsmaschinen		
5.7.1	stationär	10 Jahre	15 Jahre
5.7.2	mobil	5 Jahre	8 Jahre
5.8	Funkenerosionsmaschinen	7 Jahre	7 Jahre
5.9	Hobelmaschinen		
5.9.1	stationär	10 Jahre	16 Jahre
5.9.2	mobil	5 Jahre	9 Jahre
5.10	Poliermaschinen		
5.10.1	stationär	10 Jahre	13 Jahre
5.10.2	mobil	5 Jahre	5 Jahre
5.11	Pressen und Stanzen	10 Jahre	14 Jahre
5.12	Stauchmaschinen	10 Jahre	10 Jahre
5.13	Stampfer und Rüttelplatten	8 Jahre	11 Jahre
5.14	Sägen aller Art		
5.14.1	stationär	10 Jahre	14 Jahre
5.14.2	mobil	5 Jahre	8 Jahre
5.15	Trennmaschinen		
5.15.1	stationär	6 Jahre	10 Jahre
5.15.2	mobil	4 Jahre	7 Jahre
5.16	Sandstrahlgebläse	5 Jahre	9 Jahre
5.17	Schleifmaschinen		
5.17.1	stationär	10 Jahre	15 Jahre
5.17.2	mobil	5 Jahre	8 Jahre
5.18	Schneidemaschinen und Scheren		
5.18.1	stationär	10 Jahre	13 Jahre
5.18.2	mobil	5 Jahre	8 Jahre
5.19	Shredder	6 Jahre	6 Jahre
5.20	Schweißgeräte und Lötgeräte	10 Jahre	13 Jahre
5.21	Spritzgußmaschinen	10 Jahre	13 Jahre

Nr.	Gegenstand		
5.22	Abfüllanlagen		10 Jahre
5.23	Verpackungsmaschinen, Folienschweißgeräte	10 Jahre	13 Jahre
5.24	Zusammentragmaschinen	8 Jahre	12 Jahre
5.25	Stempelmaschinen	8 Jahre	8 Jahre
5.26	Banderoliermaschinen	8 Jahre	8 Jahre
5.27	Sonstige Be- und Verarbeitungsmaschinen (Abkanten, Anleimen, Anspitzen, Ätzen, Beschichten, Drucken, Eloxieren, Entfetten, Entgraten, Erodieren, Etikettieren, Falzen, Färben, Feilen, Gießen, Galvanisieren, Gravieren, Härten, Heften, Lackieren, Nieten)	10 Jahre	13 Jahre

6 Betriebs- und Geschäftsausstattung

Nr.	Gegenstand	1997–2000	ab 2001
6.1	Wirtschaftsgüter der Werkstätten-, Labor- und Lagereinrichtungen	10 Jahre	14 Jahre
6.2	Wirtschaftsgüter der Ladeneinrichtungen	8 Jahre	11 Jahre
6.3	Messestände	-	6 Jahre
6.4	Kühleinrichtungen	5 Jahre	8 Jahre
6.5	Klimageräte (mobil)	8 Jahre	11 Jahre
6.6	Belüftungsgeräte, Entlüftungsgeräte (mobil)	8 Jahre	10 Jahre
6.7	Fettabscheider	5 Jahre	5 Jahre
6.8	Magnetabscheider	6 Jahre	6 Jahre
6.9	Naßabscheider	5 Jahre	5 Jahre
6.10	Heißluftgebläse, Kaltluftgebläse (mobil)	8 Jahre	11 Jahre
6.11	Raumheizgeräte (mobil)	5 Jahre	9 Jahre
6.12	Arbeitszelte	6 Jahre	6 Jahre
6.13	Telekommunikationsanlagen		
6.13.1	Fernsprechnebenstellenanlagen	8 Jahre	10 Jahre
6.13.2	Kommunikationsendgeräte		
6.13.2.1	allgemein	6 Jahre	8 Jahre
6.13.2.2	Mobilfunkendgeräte	4 Jahre	5 Jahre
6.13.3	Textendeinrichtungen (Faxgeräte u.ä.)	5 Jahre	6 Jahre
6.13.4	Betriebsfunkanlagen	8 Jahre	11 Jahre
6.13.5	Antennenmasten	-	10 Jahre
6.14	Büromaschinen und Organisationsmittel		
6.14.1	Adressiermaschinen, Kuvertiermaschinen, Frankiermaschinen	5 Jahre	8 Jahre
6.14.2	Paginiermaschinen	8 Jahre	8 Jahre
6.14.3	Datenverarbeitungsanlagen		
6.14.3.1	Großrechner	5 Jahre	7 Jahre
6.14.3.2	Workstations, Personalcomputer	4 Jahre	3 Jahre
6.14.3.3	Notebooks	4 Jahre	3 Jahre
6.14.3.4	Peripheriegeräte (Drucker, Scanner u.ä.)	4 Jahre	6 Jahre
6.14.4	Foto-, Film-, Video- und Audiogeräte (Fernseher, CD-Player, Recorder, Lautsprecher, Radios, Verstärker, Kameras, Monitore u.ä.)	5 Jahre	7 Jahre
6.14.5	Beschallungsanlagen	5 Jahre	9 Jahre
6.14.6	Präsentationsgeräte, Datensichtgeräte	5 Jahre	8 Jahre
6.14.7	Registrierkassen	5 Jahre	8 Jahre
6.14.8	Schreibmaschinen	5 Jahre	9 Jahre
6.14.9	Zeichengeräte		
6.14.9.1	elektronisch	5 Jahre	8 Jahre
6.14.9.2	mechanisch	10 Jahre	14 Jahre
6.14.10	Vervielfältigungsgeräte	5 Jahre	7 Jahre
6.14.11	Zeiterfassungsgeräte	5 Jahre	8 Jahre
6.14.12	Geldprüfgeräte, Geldsortiergeräte, Geldwechselgeräte und Geldzählgeräte	5 Jahre	7 Jahre

Nr.	Gegenstand	1997–2000	ab 2001
6.14.13	Reißwölfe (Aktenvernichter)	5 Jahre	8 Jahre
6.14.14	Kartenleser (EC-, Kredit-)	5 Jahre	8 Jahre
6.15	Büromöbel	10 Jahre	13 Jahre
6.16	Verkaufstheken	7 Jahre	10 Jahre
6.17	Verkaufsbuden, Verkaufsstände	5 Jahre	8 Jahre
6.18	Bepflanzungen in Gebäuden	5 Jahre	10 Jahre
6.19	Sonst. Büroausstattung		
6.19.1	Stahlschränke	10 Jahre	14 Jahre
6.19.2	Panzerschränke, Tresore	20 Jahre	23 Jahre
6.19.3	Tresoranlagen	25 Jahre	25 Jahre
6.19.4	Teppiche		
6.19.4.1	normale	5 Jahre	8 Jahre
6.19.4.2	hochwertige (ab 1.000 DM/m²)	15 Jahre	15 Jahre
6.19.5	Kunstwerke (ohne Werke anerkannter Künstler)	15 Jahre	15 Jahre
6.19.6	Waagen (Obst-, Gemüse-, Fleisch- u.ä.)	8 Jahre	11 Jahre
6.19.7	Rohrpostanlagen	10 Jahre	10 Jahre

7 Sonstige Anlagegüter

Nr.	Gegenstand	1997–2000	ab 2001
7.1	Betonkleinmischer	6 Jahre	6 Jahre
7.2	Reinigungsgeräte		
7.2.1	Bohnermaschinen	6 Jahre	8 Jahre
7.2.2	Desinfektionsgeräte	10 Jahre	10 Jahre
7.2.3	Geschirr- und Gläserspülmaschinen	5 Jahre	7 Jahre
7.2.4	Hochdruckreiniger (Dampf- und Wasser-)	5 Jahre	8 Jahre
7.2.5	Industriestaubsauger	4 Jahre	7 Jahre
7.2.6	Kehrmaschinen	6 Jahre	9 Jahre
7.2.7	Räumgeräte	6 Jahre	9 Jahre
7.2.8	Sterilisatoren	10 Jahre	10 Jahre
7.2.9	Teppichreinigungsgeräte (transportabel)	4 Jahre	7 Jahre
7.2.10	Waschmaschinen	8 Jahre	10 Jahre
7.2.11	Bautrocknungs- und Entfeuchtungsgeräte	5 Jahre	5 Jahre
7.3	Wäschetrockner	5 Jahre	8 Jahre
7.4	Waren- und Dienstleistungsautomaten		
7.4.1	Getränkeautomaten, Leergutautomaten	5 Jahre	7 Jahre
7.4.2	Warenautomaten	5 Jahre	5 Jahre
7.4.3	Zigarettenautomaten	5 Jahre	8 Jahre
7.4.4	Paßbildautomaten	5 Jahre	5 Jahre
7.4.5	Visitenkartenautomaten	5 Jahre	5 Jahre
7.5	Unterhaltungsautomaten		
7.5.1	Geldspielgeräte (Spielgeräte mit Gewinnmöglichkeit)	4 Jahre	4 Jahre
7.5.2	Musikautomaten	5 Jahre	8 Jahre
7.5.3	Videoautomaten	3 Jahre	6 Jahre
7.5.4	sonstige Unterhaltungsautomaten (z.B. Flipper)	4 Jahre	5 Jahre
7.6	Fahnenmasten	10 Jahre	10 Jahre
7.7	Kühlschränke	8 Jahre	10 Jahre
7.8	Laborgeräte (Mikroskope, Präzisionswaagen u.ä.)	10 Jahre	13 Jahre
7.9	Mikrowellengeräte	5 Jahre	8 Jahre
7.10	Rasenmäher	6 Jahre	9 Jahre
7.11	Toilettenkabinen und Toilettenwagen	6 Jahre	9 Jahre
7.12	Zentrifugen	10 Jahre	10 Jahre

10.4. Literatur

10.4.1. Print

Die Originaltexte sind die absolut unerläßliche Grundlage jeder Arbeit mit den Standards:

International Accounting Standards Board (Hrsg.), »International Financial Reporting Standards (IFRSs™) 2005. Including International Accounting Standards (IASs™) and Interpretations as at 1 January 2005«, London 2005, ISBN 1-904230-79-2.

International Accounting Standards Board (Hrsg.), »International Financial Reporting Standards (IFRSs™) 2005. Einschließlich International Accounting Standards (IASs™) und Interpretationen per 1. Januar 2005«, autorisierte Übersetzung des englischen Originaltextes, Loseblattsammlung, Schäffer/Poeschel, ISBN 3-8202-2802-0.

Weitere Werke:

Guserl, Richard und **Pernsteiner, Helmut**, »Handbuch Finanzmanagement in der Praxis«, Gabler, Wiesbaden 2004, ISBN 3-40912-426-8.

Coenenberg, Adolf G. und **Salfeld, Rainer**, »Wertorientierte Unternehmensführung«, Schäffer-Poeschel, Stuttgart 2003, ISBN 3-79102-113-2.

Groll, Karl-Heinz, »Das Kennzahlensystem zur Bilanzanalyse«, Hanser Wirtschaft, München und Wien 2004, ISBN 3-44622-717-2.

Kamps, U., Cramer, E. und **Oltmanns, H.**, »Wirtschaftsmathematik«, Oldenbourg, März 2003, ISBN 3-48627-344-2.

Kaplan, Robert S. und **Norton, David P.**, »The Balanced Scorecard«, Harvard Business School Press, Harvard 1996, ISBN 0-87584-651-3.

Küting, Karlheinz, »Die Bilanzanalyse«, Schäffer-Poeschel, Stuttgart 2004, ISBN 3-79102-260-1.

Lachnit, Laurenz, »Bilanzanalyse«, Gabler, Wiesbaden 2004, ISBN 3-409-12695-3.

Leibfried, Peter und **Weber, Ingo**, »Bilanzierung nach IAS/IFRS«, Gabler, Wiesbaden 2003, ISBN 3-40912-473-X.

Rappaport, Alfred, »Shareholder Value«, Schäffer-Poeschel, Stuttgart 1999, ISBN 3-79101-374-2.

Rappaport, Alfred, »Shareholder Value. Wertsteigerung als Maßstab für die Unternehmensführung«, Schäffer-Poeschel, Stuttgart 1995, ISBN 3-7900-835-8.

Schwarze, J., »Mathematik für Wirtschaftswissenschaftler«, Neue Wirtschaftsbriefe, 3 Bde, ISBN 3-482-56647-X (1. Band), 3-482-51571-9 (2. Band) und 3-482-51581-6 (3. Band).

Vollmuth, Hilmar J., »Kennzahlen«, Haufe, München 1998, ISBN 3-44806-323-1.

Werner, Thomas, Padberg, Thomas und **Kriete, Thomas,** »IFRS-Bilanzanalyse«, Schäffer-Poeschel, Stuttgart 2005, ISBN 3-79102-391-8.

Wöltje, Jörg, »Betriebswirtschaftliche Formelsammlung«, Haufe, München 2004, ISBN 3-44806-573-0.

Zimmermann, Gebhard, »Grundzüge der Kostenrechnung«, Oldenbourg, Januar 2001, ISBN 3-48625-599-1.

Zingel, Harry, »Handbuch der Material- und Lagerwirtschaft«, Heppenheim 2005, ISBN 3-937473-07-6.

Zingel, Harry, »Lehrbuch der Kosten- und Leistungsrechnung«, Heppenheim 2004, ISBN 3-937473-05-X.

10.4.2. Internet

Die Web-Quellen sind oft aktueller als Bücher und geben Auskunft über neuste Entwicklungen. Besonders Jahresabschlüsse von Unternehmen sind aufschlußreich. In diesem Buch wurde lediglich verwendet:

- Jahresabschluß der Deutschen Bank (Zahlen ab dem Jahr 2000):
  http://www.deutsche-bank.de/ir/558.shtml
- Finanzbericht der Deutschen Bank für das Geschäftsjahr 2004:
  http://www.deutsche-bank.de/ir/pdfs/xD_Finanzbericht_2004.pdf

10.5. Index

0-9

12 Zinstermine 40
30/360-Methode 41
30,41666666 Tage 54
30,416666666 Tage 42, 43
52 Wochen 42
90-Tage-Wechsel 41

A

ABC-Analyse 91, 92
Abfluß liquider Mittel 67
Abgeld 55
Abnutzung 144
Abschreibung 14, 100
Abschreibung der geringwertigen Wirtschaftsgüter 157
Abschreibung in Hochsteuergebieten 14
Abschreibung nach Leistungseinheiten 23
Abschreibungen 78
Abschreibungsrate 17
Abschreibungstabelle 17
Abschreibungszeitraum 157
Absetzung für Abnutzung 14
Abzahlungsdarlehen 57
AfA 14
AfA-Methode 15
AfA-Rate 21
AfA-Tabelle 14, 16, 157, 158
AK 15, 16
Akquisitionserfolgsquote 112
Aktien 119
Aktiengattungen 119
Aktienoptionen 116
allgemeine AfA-Tabellen 158
allgemeine Risikozulage 45
allgemeine Verwaltungskosten 95
Altanlage 146
AltEinkG 64
Alter des Rentenberechtigten 45
Altersarmut 63
Alterseinkünftegesetz 64
Altersvorsorgebeiträge 64
Anlagedeckung 83
Anlagedeckungskennziffern 82
Anlagegüter 157
Anlageintensität 85
Anlagevermögen 13
Anleihe 58
Annuität 56
Annuitätendarlehen 55, 57
Annuitätenrechnung 55, 56
Annuitätentabelle 51
Annuitätenvereinbarung 57
Anschaffungs- und Herstellungskosten 93
Anschaffungskosten 19, 93, 132

anteilige Fertigstellung 35
anteilsbasierte Vergügungen 115, 116
Anzahl Aktienoptionen 120
AO 44
Äquivalenzziffernkalkulation 136, 137
Arbeit 45
Arbeitnehmer 60
Aufsichtsratsvergütungen 110
Aufwand 10, 11, 67
Aufwandsstrukturkennziffern 90
Aufwendungen 90, 147
Ausbringungsmenge 136
Ausgaben 10, 11
ausgegebene Aktien 119
Auslandsabhängigkeit 91
Auslandsvermögen 109
ausschüttungsfähiger Jahresertrag 110
ausstehende Einlagen 78
Auszahlung 10, 11, 67
Automobilbranche 103

B

Balanced Scorecard 110, 111, 112, 113, 114
Bar-Einkaufspreis 131, 132
Barverkaufspreis 132, 133, 134
Barwert 52, 59
Barwert der Rente 59
Barwertformel 50
Basel II 107
Basic Earninge per Share 120
Basiszins 43
Basiszinssatz 45
Bauaufträge 35
Bauherr 44
Baustillstand 36
Beamtenpension 62
Bearbeitungsmaschinen 160
Behandlung des Februars 42
Berufsakademie 8
Beschäftigungsabweichung 151
Beschwerdequote 113
Beseitigung der Altanlage 18
Bestandsmehrungen 94
Bestandsminderungen 94
Beteiligungen 110
betriebliche Rentenversorgung 61
Betriebs- und Geschäftsausstattung 161
Betriebsabrechnungsbogen 133
Betriebsanlagen allgemeiner Art 158
Betriebsergebnis 139
betriebsgewöhnliche Nutzungsdauer 157
Betriebsstoffe 86
Betriebswirt/IHK 8
Bewertung und Bilanzierung von Pensionsverpflichtungen 44
Bewertung von Forderungen 36

Bewertung von Unternehmensanteilen 109
Bewertungsabschläge 110
Bewertungsverfahren für GmbH-Anteile 109
BewG 44
Bezugskosten 132, 133
BGB 45
Bilanzbuchhalter 8
Bilanzbuchhalter international 8
bilanzielle Abschreibung 14
bilanzielle AfA 14, 15, 22
bilanzielles Eigenkapital 78
Bilanzierungsverbot 93
Bilanzwert einer Anlage 14
BMF-Schreiben vom 23.8.1999 44
Boden 45
Bonität 107
Bonitätsprüfung 107
Börsen- oder Marktpreis 30
Börsentage 123
Boxkampf 146
Branche 45
Breakeven 138, 140, 141
Breakeven ohne Mengenangaben 141
Bruttoumsatz 139
BStBl 44
Buchhaltung 11
BVerfG 65

C

Cash-flow 67, 68, 69, 71, 72, 73, 78, 100, 106, 112
Cash-flow Profitability 70, 77
Cash-flow-Umsatzverdienstrate 70, 77
Cash-flows from Financing Activities 71, 72
Cash-flows from Investing Activities 71, 72
Cash-flows from Operating activities 71, 72
CFP 70
Challenger 146
Changing Cell 50
Chaoszustand 125, 126
Compound Annual Growth Rate 121
Computer 8
Computerintegration 103
Controller 15
Cost of Capital 97, 98

D

Darlehen 50, 56, 58
Debitorenfrist 112
Deckungsbeitrag 112, 138, 139
Deckungsbeitrag I 139
Deckungsbeitrag II 139
Deckungsbeitrag III 139
Deckungsbeitrag IV 139
Deckungsbeitrag V 139
Deckungsbeitrag VI 139
Deckungsbeitragsrechnung 139, 147
Defender 146
Definitionen 9

degressive Abschreibung 18, 24
degressive AfA 20
Delkredere 139
Denkverbot 7
deutsche 30/360-Methode 42
Deutsche Bank 88
Dieselfahrzeug 145
digital-degressive Abschreibung 24
digital-progressive Abschreibung 25
digitale Abschreibung 24
Diluted Earnings per Share 120
Diplomarbeit 8
direkte Methode 67
Direktversicherung 62
Disagio 55
Diskontsatz-Überleitungsgesetzes 45
Distributionsgrad 113
Divisionskalkulation 137
Doppelbesteuerungsabkommen 109
Dow Jones 126
Dreisatz 141
dritte Liquidität 81
DuPont 101–103, 107
durchschnittliche Lagerdauer 31
durchschnittliches Kundenziel 87
Durchschnittsbewertung 27, 31
Durchschnittsverzinsung 99
dynamischer Verschuldungsgrad 112

E

Earnings Before Interest and Taxes 78
Earnings Before Interest, Taxes, Depreciation and Amortization 78
Earnings Before Taxes 78
EBIT 78, 107, 109
EBITDA 78
EBT 78
Echt/360-Methode 42
Echt/Echt-Methode 42, 43
Economic Value Added 97
effektive Geldmittel 82
Effektivverzinsung 46
Effektivzins 52, 57
Effektivzins bei Annuitätendarlehen 55
Effektivzins bei endfälliger Tilgung 55
Effektivzins bei Tilgung in gleichen Raten 55
Effektivzinsberechnung 47
Effektivzinsberechnung bei Krediten 54
Effektivzinsrechnung 7, 54
eigene Anteile 119
Eigenkapital 77, 78, 99, 111
eigenkapitalersetzende Darlehen 78
Eigenkapitalinstrumente 117, 118
Eigenkapitalquote 87
Eigenkapitalrentabilität 76, 80
Eigenleistungen des Bauherren 44
einfache 30/360-Methode 42
Einkommenserhöhungen 110
Einkommensminderungen 110

Einkünfte aus nichtselbständiger Arbeit 62
Einstandspreis 132
Einzahlung 67
Einzelkosten 130, 131, 134
Einzelwertberichtigung 36
Endwert der Rente 58
Endwertfaktor 58
Energie 36
Energiekosten 136
Engpaß-Rechnung 138
Entscheidungsnutzen 22
Entsorgungskosten 15
entstehender Kapitalverzehr 146
Entwicklungskosten 95
Equity 99
Erbschaftsteuer 109
Ergebnis je Aktie 119
erhöhte AfA 110
Erlösschmälerungen 139
Ersatzinvestition 146
Ersatzmaschine 146
Ersatzzeitpunkt einer Maschine 146
erste Anlagedeckung 82
erste Liquidität 81
Ertrag 67
Ertragsanteil 64, 65
Ertragshundertsatz 109, 110
erzwungene TÜV-Prüfungen 144
erzwungene Versicherungen 143
EStG 7, 10–15, 18, 20, 29, 36, 38, 44, 45, 58
EStR 10, 44, 58, 67
EVA-Konzept 97
Eventualverbindlichkeit 87, 88
ewige Rente 59
Excel 8, 49, 50

F

Fahrzeuge 159
Fair Value 36, 115–119
Faktorrechnung 133
Fehlleistungen pro Kunde 113
Fehlteillieferungen 113
Fertigerzeugnisse 86
Fertigstellungsgrad 35
fertigungsbezogene Verwaltungskosten 95
Fertigungseinzelkosten 95
Fertigungsgemeinkosten 94, 95
Fertigungskosten 133
Fertigungskostenstelle 134
Fertigungslöhne 94, 133
Fertigungsmaterial 94, 133
festverzinsliche Wertpapiere 58
FIFO 29, 30, 32, 33, 34
FIFO-Bewertung 33
Financing Activities 71
Finanzfluß 109
Finanzperspektive 111
Firmenwert 109, 110
firmenwertähnliche Wirtschaftsgüter 109

First In First Out 29
Fixkosten 112, 143, 147
Folge von Zahlungen 58
Forderungen 36
Forderungen gegenüber Gesellschaftern 78
Forderungsausfall 37
Forderungsquote 86
Forderungsumschlagshäufigkeit 86, 89
Formatierung 9
Forschungskosten 95
Free Operating Cash-flow 73
Fremdkapital 99
Fremdkapitalaufnahme 80
Fremdkapitalquote 88
Fremdkapitalrentabilität 76
Fremdkapitalzinsen 76, 95
Funding Conversion 98

G

Gaußscher Algorithmus 124
Gehaltstrend 60
Geldzeichen 67
gemeiner Wert 109, 110
Gemeinkosten 130, 131
Gemeinkostenzuschlag 132
Gemeinkostenzuschlagssatz 134
Gesamtabweichung 150, 151
Gesamtaufschlag 134
Gesamtkapital 111
Gesamtkosten 137, 140, 141
Gesamtkostenverlauf 135
Geschäftsführer 15
Gesellschafter-Geschäftsführer 110
gesetzliche Rücklage 89
gesetzlicher Zinssatz 43, 44
Gewinn 132, 134, 140, 141
Gewinn vor Steuern 78
Gewinn vor Steuern und Zinsaufwendungen 78
Gewinn vor Steuern, Zinsen, Abschreibung und Tilgungen 78
Gewinn- und Verlustrechnung 11
Gewinnpotential 136
Gewinnrücklagen 78
Gewinnschwelle 136
Gewinnvortrag 78
gezeichnetes Kapital 78
Girokonto 40, 51
GmbH-Anteile 109
GmbHG 78
GoalSeek 50
Going Concern 14
goldene Bilanzregel 82
Grundkapital 89
grundlegende Definitionen 11
Grundsatz der Unternehmensfortführung 46
Grundstückseinrichtungen 158
GuV-Ergebnis 68
GuV-Rechnung 90, 103

H

Halbfertigprodukte 86
Handelskalkulation 132, 133
Hebeleffekt 79
Herstellkosten 133
Herstellkosten der Produktion 94
Herstellkosten des Umsatzes 94
herstellungsbezogene Zinsen 95
Herstellungskosten 95
HGB 7, 11, 13, 15, 29, 33, 36, 38, 44, 45, 75, 87, 93, 95
HIFO 29, 33, 34
Highest In First Out 29
Hilfsstoffe 86
HK 15
Höchstbestand 31
horizontale Kennziffern 80, 81
Hypothek 44

I

IAS 13, 15, 22, 29, 33, 35, 36, 63, 71, 86, 87, 106, 119
IFRS 7, 13, 15, 16, 22, 29, 58, 75, 76, 93, 95, 115
IHK-Prüfung 16
II. BV 44
im-Hundert 132, 142
Implosion 126
indirekte Methode 68
Industriekalkulation 133
Inflation 18
Inflationsrate 45
Information 45
Inkasso 37
Input- und Outputfaktoren 75
Insolvenzgefahr 107
Insolvenzquote 46
Insourcing 147
Instandhaltungskosten 143
International Financial Reporting Standards 7
International Securities Market Association 41
interne Verzinsung 46, 57
internes Rechnungswesen 129
Investing Activities 71
Investitionszulage 110
Investitionszulagegesetz 110
Istbeschäftigung 151
Istkosten 150, 151

J

Jahresabschlußanalyse 75
Jahresfehlbetrag 68, 78
Jahresüberschuß 68, 78, 106, 120
junge Stücke 119

K

Kalkulation 18, 131, 133
Kalkulationsaufschlag 133, 134
Kalkulationsfaktor 133
Kalkulationsschema 133
Kalkulationsverfahren 136
Kalkulationszinsfuß 60
Kalkulationszinssatz 50
Kalkulator 15
kalkulatorische Abschreibung 14, 18, 143, 147
kalkulatorische Kosten 102
Kapital 45
Kapitalanfangswert 39
Kapitalanfangswert bei mehreren Zinsterminen 40
Kapitaldienst 55, 56
Kapitalendwert 39
Kapitalendwert bei mehreren Zinsterminen 40
Kapitalfluß 67
Kapitalflußrechnung 67
Kapitalkosten 111
Kapitallebensversicherung 63
Kapitalmarkt-Guthabenzins 45
Kapitalrücklage 78, 89
Kapitalumschlagsdauer 89
Kapitalwert 48–50, 52, 61, 99, 100
Kapitalwertformel 53
Kaufpreis für Optionsrecht 120
Kennzahlenanalyse 102
Kennzahlensystem 97, 101, 102, 107, 109
Kennzahlensysteme zur Bonitätsprüfung 107
Kennziffern der Bilanz 80
Kennziffern der Disposition 112
Kennziffern der GuV-Rechnung 90
KLR 10
Konjunkturzyklen 125
Konsumentengeschäft 57
Kontenüberwachung 63
Kosten 9–11, 94, 102, 147
Kosten der Zwischenfinanzierung 44
Kosten- und Leistungsrechnung 11, 90
Kostenstelle 133
Kostenverlauf 135
kostenverursachende Größe 130
kritische Leistung 144, 145
KStG 11
Kundenrabatt 132, 134
Kundenskonto 132, 134
Kundenbindung 112
Kundenreklamationen 112
Kundentreue 111
Kundenzufriedenheit 111, 112
Kurs-Buchwert-Verhältnis 121
Kurs-Cash-flow-Verhältnis 121
Kurs-Gewinn-Verhältnis 121
Kurs-Umsatz-Verhältnis 121
Kursabsturz 126
Kursentwicklung 122
Kursierende Stammaktien 120

L

Lagerdauer 33
Lagerobjekt 31

Lagerreichweite 112
Lagerumschlagshäufigkeit 31
Lagerwirtschaft 31
Landwirtschaft 13
Langfristigkeitsgrenze 13
Last In First Out 29
Leasing 7, 55, 58
Leasingfirma 51
Leasinggeber 47
Leasingnehmer 47
Leasingsache 47
Leasingvertrag 47, 48, 50
Leasingzahlung 47
Leasingzinsberechnung 46
Lebens- oder Rentenversicherung 61, 63
Leichtbauweise 157
Lesasingvertrag 48
Leverage-Effekt 79, 80
Lieferantenkonto 131, 132
Lieferzuverlässigkeit 112
LIFO 29, 30, 32–34
LIFO-Bewertung 32
lineare Abschreibung 16
lineare AfA 21
lineare Restabschreibung 20
liquide Mittel 67
Liquidität 83, 86, 107, 112
Liquiditätskennziffern 81, 82
Liquiditätsrechnung 11
Listenverkaufspreis 132, 133, 134
LOFO 29, 33, 34
Lohngemeinkosten 133
Löhne 36
Lohnsteuer 87
Lorenz-Konzentrationsmaß 93
Lorenz-Kurve 92, 93
Lowest In First Out 29
Lücke-Theorem 99

M

Mahnwesen 113
Main Refinancing Operations Bid Rate 44
Make-or-Buy 147, 148, 149
Make-or-Buy-Entscheidung 147
Makro 50
Management by Objectives 111
MAPI-Methode 146
MAPI-Rentabilität 146
Market Value Added 99
Markt- bzw. Kundenperspektive 112
Marktanteil 111, 112
Marktpenetration 113
Maschinenkosten 133, 143
Maschinenkostenstelle 133
Maschinenrechnung 143
Maschinenstundensatz 133
Maschinenzeit 133
Maschinenzuschlag 135
Massenfertigung 137

maßgebliches Vermögen 109
Maßgeblichkeitsprinzip 15
massiv 157
Materialgemeinkosten 94, 95, 133
Materialeinzelkosten 95
Materialkosten 133
Matrizeninversion 124
maximale degressive Abschreibung 18
maximale Lagerdauer 31
Mehrgewinn 146
Methode der PAngV 42
Methodenwechsel 20, 25
Mietsicherheit des Mieters 45
Mindestliquidität 45
Mindestrentabilität 46, 79, 144, 145
Mindestrentabilitätszinsrechnung 46
Mindestverzinsung 45

N

nachgelagerte Besteuerung 64
nachträgliche Kosten 132
Näherungsformel 48
Näherungsmethode 52
Nebenkosten 132
negativer Schrottwert 18
Net Operating Assets 97, 99
Net Operating Profit After Taxes 97
Nettolistenpreis 131, 132
Nettoumsatz I 139
Nettoumsatz II 139
Neubewertung 116, 117
Neukundenkontakte 112
nicht herstellungsbezogene Zinsen 95
nichtabzugsfähige Schuldzinsen 44
Nominalzins 55
Nullverzinsung 61
Nutzungsdauer 18

O

objektivierbare Entnahmereihenfolge 33
Obligation 58
Operating activities 71
Operating Conversion 98
Outsourcing 147
Outstanding Shares 119

P

PAngV 42, 43
pauschaler Kalkulationszinsfuß 44
Pauschalwertberichtigung 36, 37, 38
Pensionsanspruch 60
Pensionsrückstellung 60
Pensionszusage 62
Percentage-of-Completion-Methode 35
Performance Measurement 110
Planbeschäftigung 151
Plankosten 150, 151
Plankostenrechnung 149, 150

Plankostenverrechnungssatz 149, 150, 151
Planzustand 149
Potenzfunktion 52
Prozeßfähigkeitsrate 113
Preinreich/Lücke-Theorem 99
Preisangabeverordnung 42, 54
Pro-rata-temporis 21
Produktfixkosten 139
Produktivbereich 130
Produktivität 75, 77, 112
Produktlinienfixkosten 139
Produzentenrente 76
programmierbare Taschenrechner 49
Programmiersprache 8
progressive Abschreibung 24
Prozentrechnung 8
Prozeß 75
Prozeßperspektive 112
Prüfung 52, 54, 140, 148, 149
Prüfungsaufgaben 8

Q

Qualitätsfähigkeit 111
Qualitätsmanagement 75, 109

R

RAROC 79
realistische Nutzungsdauer 14
Rechengenauigkeit 126
Regressionsrechnung 122
Reklamationsquote 113
Rentabilität 50, 76, 77, 141
Rentabilität des Leasingvertrages 47
Rentabilitätskennziffer 70, 113
Rentabilitätsrechnung 75, 79
Rente 47, 58, 60–62, 64
Rentenbesteuerung 61–63
Rentenendwert 58
Rentenpapier 58
Rentenrechnung 58
Rentenrecht 45
Rentenzeitwert 59
Repricing 116
Residualeinkommen 99
Restabschreibung 20
Restlaufzeit der Verbindlichkeit 36
Restschuld 56
Riester-Rente 63
risikobereinigte Kapitalrentabilität 79
Risikomanagement 91
Risk-adjusted Return on Capital 79
Rohertrag 139
Rohstoffe 36, 86
Rücklagen 110
Rückstellung 87
Rundungsdifferenz 49

S

Sachanlagen 13
Säumniszuschlag für rückständige Steuerbeträge 45
Saysches Theorem 136
Schachtelbeteiligung 109
Schrottwert 15
Selbstfinanzierungsgrad 88
Selbstkosten 131, 132, 133, 134, 137, 140
Selbstkostenpreis 131
Shareholder Conversion 98
Sichtguthaben 67
silberne Bilanzregel 83
Simplex-Algorithmus 138
Simplex-Verfahren 124
sogenannte Mindestrentabilität 46
Solidaritätszuschlag 87
Sollkosten 151
Sonderabschreibungen 110, 157
Sondereinzelkosten der Fertigung 95
Sonderposten mit Rücklageanteil 78
sonstige Anlagegüter 162
sonstige Einkünfte 62
Sortenfertigung 137
Sortimentsplanung 138
Sozialversicherungsbeiträge 87
Stammkunden 112
Standortnachteil 19
Stärken-Schwächen-Analyse 113
starre Plankostenrechnung 149
statistische Prognoseverfahren 124
Steuerersparnis 15
steuerfreie Einnahmen 110
steuerfreie Schachtelbeteiligung 109
Steuerfreistellung der Altersvorsorgebeiträge 64
steuerliche Absetzung für Abnutzung 157
steuerliche AfA 147
steuerliche »Pro-rata-temporis«-Regel 21
steuerliche Unternehmensbewertung 109
steuerlicher Veranlagungszeitraum 22
Steuerrecht 15
Steuerrichtlinie 15
Stückkosten 113
Stückkostendegression 136
Stückkostenverlauf 135
Stuttgarter Verfahren 109
Summe der Jahreszahlen 51
Summe der Zins- und Kostenanteile 51
System 75

T

Tabellenkalkulationsprogramm 8, 9, 49
Taktische Make-or-Buy-Entscheidung 147
Tax Conversion 98
technische Lebensdauer 22
Technischer Betriebswirt 8
Teilkostenrechnung 129, 138, 143
Teilwertabschreibungen 110

Tilgung 56
Tilgungsanteil 61
Time to Market 112
Total Quality Management 111
traditionelle Zinsrechnungsmethode 41
Treibstoffkosten 145
True and Fair View Presentation 76
TÜV-Prüfungen 144

U

Überwachungs- und Gängelungstechniken 18
Umlaufintensität 85
Umlaufvermögen 13
Umrechnungszahlen 137
Umsatzrendite 111
Umsatzrentabilität 140, 141
Umsatzsteuerschuld 87
unbewegliches Anlagevermögen 158
Unternehmensfixkosten 139
Unternehmensfortführung 14
Unternehmensgröße 45
Unternehmenswert 111
Unterversorgung der Deutschen 63

V

variable Kosten 139
variable Produktionskosten 139
variable Stückkosten 136
variabler Basiszinssatz 43
VBA-Befehl 50
Verarbeitungsmaschinen 160
Veräußerungsgewinne 110
Verbindlichkeit 87
Verbindlichkeiten gegenüber Gesellschaftern 78
Verbindlichkeiten mit einer Restlaufzeit von über
  zwölf Monaten 44
Verbrauch an Material 130
Verbrauch von Gütern 67
Verbrauchsabweichung 151
Verbrauchsfolgebewertung 29
Verfügbarkeitsquote 112
Verkaufspreisuntergrenze 139, 140
Verlauf der Stückkosten 135
Verlustabzug 110
Verlustvortrag 78
Verlustzuweisungsgesellschaft 157
Vermögensteuer 109
Vermögenswert 109
verrechnete Plankosten 150, 151
Verschärfung der Ertragsbesteuerung 19
Verschuldungsgrad 89
Versicherungsnehmer 61
vertikale Kennziffern 80, 81, 85
Vertrieb 130
Vertriebsgemeinkosten 133
Vertriebskosten 95
Vertriebsmitarbeiter 112
Verwaltung 130

Verwaltungsgemeinkosten 133
Verwaltungskosten 95
Verwaltungsmitarbeiter 112
Verwertung von Verbrauch 67
Verzugszins bei Rechtsgeschäften 45
VisualBASIC 50
Volatilität 122, 126
Vollkostenrechnung 129, 130
vom-Hundert 132, 142
Vorratsbegriff 86
Vorratsquote 86

W

Wagnis und Gewinn 46
Wandelschuldverschreibungen 120
Waren 86
Wareneinsatz 139
WBW 14, 15
Wechseldiskont 40
Wechselspesen 139
Weighed Average Cost of Capital 98
Werbeerfolgsquote 112
Wertminderung von Vermögenswerten 13
Wertpapiere 115
Wertverlust 14
Wiederbeschaffungswert 17
Wiederveräußerungswert 18
Wiederverkaufserlös 15
wirtschaftlicher Verbrauch 157
wirtschaftliches Eigenkapital 78
Wirtschaftlichkeit 76, 77, 90
Wirtschaftsgüter 157
Working Capital 73, 83

Z

zahlungsgleiche Aufwendungen 67, 106
zahlungsgleiche Erträge 67, 106
zahlungsmittel 67, 87
zahlungsungleiche Aufwendungen 68, 106
zahlungsungleiche Erträge 68, 106
Zahlungsziel 113
Zählwerk 22
Zeitwert 16
Zero-Bonds 54
Zieleinkaufspreis 131, 132
Zielverkaufspreis 132, 134
Zielwertsuche 49, 50, 52, 55
Zins 56
Zins- und Tilgungsanteil 49
Zinsanteil 51, 61
Zinsaufwendungen 46, 78, 102, 120
Zinsen auf Steuerstundungen 45
Zinsen aus Finanzierungstätigkeit 69
Zinsen aus Investitionstätigkeit 69
Zinsen aus operativem Geschäft 69
Zinseszinsen 39, 44
Zinseszinsrechnung 39, 41, 51
Zinskosten 46, 94

Zinsperiode 41
Zinsrechnung 39
Zinssätze der EZB 43
Zinsstaffelmethode 51
Zinstermine 40
Zinsvermutung 45
Zufluß liquider Mittel 67
Zuführung zu steuerfreien Rücklagen 110

zusätzliche Ertragssteuern 146
Zusatzrenten des öffentlichen Dienstes 62
Zuschlagssatz 130
Zwangsabgaben 143
Zwangsrentenversicherung 63
zweite Anlagedeckung 82
zweite Liquidität 81
Zwischenzinsen 44